国をつくるという仕事

西水美恵子
MIEKO NISHIMIZU

英治出版

国をつくるという仕事

はじめに

あれは、たしか一九八〇年の春のことだった。当時、経済学を教えていた米国プリンストン大学の、研究室での昼下がり。訪れる学生の姿もなく、論文の構想を練るには最適で、大好きな時間だった。その静寂を、一本の電話が永遠に破った。

世界銀行のチーフ・エコノミストとして、開発政策と研究所を担当していた著名な経済学者、ホリス・チェネリー副総裁からだった。その年の夏から始まるサバティカル（研究休暇）の一年を、世銀の研究所で過ごさないかという誘いだった。

経済開発論は部門外もいいところで、興味さえなかった。首都ワシントンにいる夫の勤務先でもあるＩＭＦ（国際通貨基金）は、熟知していた。が、ＩＭＦと姉妹機構の世銀が、いったい何をする銀行なのかさえ知らなかった。躊躇して、しばらく考えさせてもらったが、「好待遇で好きな研究に没頭できるうえ、単身赴任の時間的なロスがない一年間は、断るには良すぎる」と答えた。

チェネリー副総裁は、そんな不真面目な私を笑いながら、契約にひとつの条件を出した。

「一国でもいい。発展途上国の民の貧しさを、自分の目で見てくるように……」

＊

プリンストンの修士課程を終えて世銀で活躍していた教え子が、それならエジプトがいいと誘ってくれた。彼が率いる開発五カ年計画調査団に同行して、首都カイロへ飛んだ。

週末のある日、ふと思いついて、カイロ郊外にある「死人の町」に足を運んだ。邸宅を模す大理石造りの霊廟がずらりと並ぶイスラムの墓地に、行きどころのない人々が住み着いた貧民街だった。

その街の路地で、ひとりの病む幼女に出会った。ナディアという名のその子を、看護に疲れきった母親から抱きとったとたん、羽毛のような軽さにどきっとした。緊急手配をした医者は間にあわず、ナディアは、私に抱かれたまま、静かに息をひきとった。

ナディアの病気は、下痢からくる脱水症状だった。安全な飲み水の供給と衛生教育さえしっかりしていれば、防げる下痢……。糖分と塩分を溶かすだけの誰でも簡単に作れる飲料水で、応急手当ができる脱水症状……。

誰の神様でもいいから、ぶん殴りたかった。天を仰いで、まわりを見回した途端、ナディアを殺した化け物を見た。きらびやかな都会がそこにある。最先端をいく技術と、優秀な才能と、膨大な富が溢れる都会がある。でも私の腕には、命尽きたナディアが眠る。悪統治。民の苦しみなど気にもかけない為政者の仕業と、直感した。

脊髄に火がついたような気がした。

帰途の機上では一睡もできず、自分が受けた教育は何のためだったのか、何をするために経済学を学んだのかと、悩んだ。ワシントンに近づき、機体が着陸体勢に入っても、鬱々としたままだった。が、車輪がドシンと音を立てて滑走路に接した瞬間、目の奥に火花が散った。結論が、脳に映った写真のように、はっきり見えた。学窓に別れを告げ、貧困と戦う世銀に残ると決めた。

契約を延長してくださいと頭を下げに行ったチェネリー副総裁は、「薬が効きすぎたかな」と、また笑った。「ナディアの死を無駄にしないように」と添えてくれた彼の言葉は、いまだに脳裏に焼き付いている。

「世銀の使命は、貧困のない世界をつくること。この使命を背負う仕事の究極は、正義の味方になることだ。政治力のない貧民のために正しいことを正しく行う、勇気あるリーダーたちの味方になる。この精神を本気で貫かないと、世界一流の知識や技術の提供が無駄になる。融資は途上国の借金を増やし、国民を苦しめるだけに終わる。やる気があるようだな」

転職の報告に、父が怒った。「教壇の神職から、金貸しになり下がるのか！」

＊

それからの二十三年間は、「貧困のない世界をつくる」夢を追う、毎日だった。

いざ入行してみて、チェネリー副総裁が諭した「正義の味方」の精神が、多くの世銀職員の姿勢に浸透していると知り、驚いた。自然にナディアが仕事の尺度になった。何をしても、ナディアに問うのが習慣になった。「生きていたら喜んでくれるかしら。あなたを幸せにできるかしら……」

さらに驚いたのは、世銀を築いた国際法が、その精神を保護していることだった。キューバと北朝鮮を除く全世界の加盟国が調印した、世銀の「憲法」ともいえる国際条約に、守られていた。

ここで、大切なことをひとつ。この本を手にした読者のみなさんは、自分が世銀の株主だという事実をご存知だろうか。

世銀は、国連の諸機関や多くのＮＧＯ（非政府組織）など、寄付金に依存する援助機関とは種類が違う。ひとさまの大切なお金を預かって運営し、いろいろなリスクを管理して業務成果をあげ、運営経費を捻出し、返すお金は約束どおりきちんと返済する。つまり正真正銘の金融業で、国際法上、加盟国の国民が株主である。日本でも「世銀債」と親しまれている債券などを通じて、市場から安く借り、市場信用がないに等しい発展途上国の良い国づくりのために、できるだけ安く貸すことに専念する。

株主と市場の信用が命の銀行だ。その信用を第一にと管理する世銀の金融体制は、もちろん「憲法」を厳守する。だから、「正義の味方」になる意志があれば、庇護し、可能にするよう仕組まれてある。

人間が成す組織なのだから、決して完璧ではない。間違いも、失敗も、多い。しかし「正しいことを正しく」行う姿勢を貫く信念さえあれば、「憲法」と金融管理の体制が守ってくれる。世銀はそういう希有な職場だった。

今は亡き父の怒りが解け、喜びに変わるまで、時間はかからなかった。

その世銀での現場体験を振り返ってみると、やはり、権力者の腐敗と悪統治を敵にまわして戦うリーダーたちの、補佐に徹した年月だった。自分の仕事は「憎まれ役」だと笑って楯になり、「どうせやるなら大々的に」と、喜んで喧嘩を買い続けた。

べつに喧嘩好きでもなければ、特別変わったことをしたわけでもない。現場に携わる心ある世銀職員なら、誰でも似たような仕事をしている。目立つ、目立たないに関わらず、大小様々な「憎まれ役」の実績を、今日も黙々と積み重ねている。

貴重な学習をさせてもらった日々でもあった。特に、貧村やスラムの視察より家族の一員としてホームステイをするのが好きだった。貧民の生活など知ろうともしない為政者を圧倒する目線や情報が、手に入るからだ。もちろん、政治の最前線だから、喧嘩の種は拾いきれないほどある。自分自身の草の根体験は、改革への説得力をつける。貧しさに喘ぐ株主、すなわち「我が家族と大勢の親類縁者」に励まされるから、権力者との闘いに尻込みをする暇などなかった。

悪政が日常茶飯事な発展途上国の草の根で、稀に、世銀と同じ夢を一心に追うリーダーに出会うと、無上に嬉しくてよく泣いた。話や形は変わっても、皆それぞれのナディアを胸に抱いていた。ナディアが「正しいことを正しく行う」情熱を煽ぎ、情熱が信念の糧となり、ハートが頭と行動に繋がっていた。心身一体、常に一貫した言動だからこそ、民衆の信頼を受け、人々を鼓舞し、奮起していた。

あらゆる職場で活躍する人々だった。農民や村長、貧民街の女衆、売春婦、学生、福祉事業家、NGO活動家、社会起業家、銀行家、ジャーナリスト。少数の政治家や、中央銀行総裁、将軍さえいる。そして、類あっても比のない、ひとりの国王も……。様々な闘いを共にした同志たちだが、心の底から敬愛してやまない恩師でもある。

皆一様に、こう教えてくれた。貧困解消への道は、「何をすべきか」ではなく、「すべきことをどう捉えるか」に始まると。その違いが人と組織を動かし、地域社会を変え、国家や地球さえをも変える力を持つのだと。

この本は、そういう本物のリーダーたちが、ある時は縦糸になり、またある時は横糸になって編み上げてくれた、思い出の絨毯だ。

*

国づくりは人づくり。その人づくりの要は、人間誰にでもあるリーダーシップ精神を引き出し、開花することに尽きると思う。

未来の社長や首相を発掘せよなどというのではない。育児や家事に勤しんでも、家庭の外に出てどのような職に就いても、リーダーの仕事には夢と情熱と信念がある。頭とハートが繋がっているから、為すことが光る。心に訴えるものがあるから、まわりの人々にやる気と勇気をもたらす。そのリーダーの善し悪しが、開発途上国の発展に決定的な差を生む。

日本の発展にも同じことが言える。悲しいことに、我が国は、金がなければ良い教育も医療も望めない、まるで途上国のような国になりつつある。戦後の高度成長が解消したはずの貧困が、ふたたび私たちのまわりに見えてきた。ガード下や公園に住むホームレスの人々……。食費をつめても薬代を払えない若者やお年寄り……。公立学校の費用にさえ苦労する母子家庭……。ナディアのような薄命の子など生まれない国だと、いったい誰が断言できよう。

だから世銀を辞めた時、もうひとつの夢が生まれた。縁あったリーダーから学んだことを、母国の未来を担う人々に伝えたいと……。


幸い、思いがけないご縁で、月刊誌『選択』発行人でおられる湯浅正巳氏から連載をと勧めていただき、「思い出の国　忘れえぬ人々」という立派な題名まで頂戴した。二〇〇五年一月号から四年間、日記やメモなどの記録に頼れる思い出を選んで綴り、今回集積して本となった。

湯浅氏を筆頭に、恥ずかしさを我慢して書き続ける勇気をくださった『選択』編集部の方々と読者の皆様。『選択』との縁を作ってくださった上野真理子記者。未来のリーダーのためにと英治出版を紹介してくださり、本著の解説まで快く引き受けてくださった田坂広志シンクタンク・ソフィアバンク代表。いろいろ大変なご苦労をおかけした荻野裕子同プロデューサー。素晴らしいビジョンと価値観を貫く英治出版を設立なさった原田英治代表取締役。そして不慣れな私を出版まで温かく導いてくださった高野達成プロデューサー。その他にも書ききれないほど大勢の方々が、私の小さな夢をかなえてくださった。皆様のご支援に、厚くお礼を申し上げたい。

最後にもうひとり。留学のため渡米する私の背を「かわいい子には旅をさせよ」と押しながら、「日本人の魂と日本語を、決して忘れないように」と言い含めてくれた母。何事にも厳しい母に恵まれたからこそ、この本が誕生した。母への感謝の言葉がみつからない。

私にとって、リーダーと政治の正しいあり方を考え、追求するきっかけを作ってくれたのが、ナディアだった。この本が、より多くの同胞の、特に日本の若者の心のなかで、小さなナディアとして生まれ変わることができたらと、夢みる。

愛する母国の国づくりのために……。

平成二十一年正月　英国領バージン諸島にて

国をつくるという仕事◆目次

目次

まるで一卵性双生児

［インド、パキスタン］

「我が国が抱えるリスク、それは貧困に尽きる」

初めて会ったとき、マンモハン・シン氏[1]は静かに、しかし一言一言に情熱を込めて、そう言い切った。一九九八年五月、インドが核実験を再開してから一週間足らず。パキスタンが初の核実験をもって応酬かと、世界中が息をのんで南アジアを見つめ、印パ関係が抱えるグローバルリスクの認識を新たにしはじめた時のことだった。

二〇〇四年春の総選挙でインド首相となったシン氏は、当時野党の知的指導者として活躍中で、九一年に始まった経済改革の父として高名であった。モンスーン待ちのニューデリーは血が煮えたぎるような蒸し暑さ。冷房などまったく効かない国会事務室で、私はシン氏と長時間話し込んだ。ソファーにちんまり腰かけた彼の周りだけが、不思議に涼しかったのを覚えている。

二年後、シン氏と一言も違わない言葉を、思いがけない人の口から聞いた。

パキスタンの核実験に対する七カ国財務相・中央銀行総裁会議（G７）の経済制裁はクーデターの突発でさらに厳しくなり、数年来悪化していた経済状態を外貨危機寸前にまで追い込んだ。軍事政権など見たくもないと憤慨していた私は、国民を思えと部下に叱られ、クーデター後一年経ってやっと重い腰を上げて首都イスラマバードに飛んだ。

「我が国が抱えるリスク、それは貧困に尽きる」

本心では嫌々会ったムシャラフ将軍[2]（後日、大統領）が会談の冒頭で、軍服にはまるで似合わない情熱を一言一言に込めて言い切った。思わずシン氏と将軍の顔がダブって見えたのを思い出す。三十分の予定が三時間に膨らんだ会談中、幾度も両氏の似た考えと国を憂う情熱に触れた。

「将軍、いつか必ずマンモハン・シン氏とお会いにならねばなりません。印パ間の信頼を築くために。両国の平和と世界の安全保障のために」

インドと聞いただけで嫌な顔をする側近をしり目に、シン氏のことをもう少し教えてくれと身を乗り出してきた将軍。彼の真剣な眼差しは、私の脳裏にいまだに鮮明に焼き付いている。

シン氏もムシャラフ将軍も、常に草の根の国民の視点から国家の百年先を見つめ、政策を考えていた。そして、国民の過半数が声なき民である事実を熟知していた。国民とは、貧困に苦しむ人々であり、女性であり、身体障害者であり、子供たちであり、さまざまな少数部族であり、インドでは階級制度のどん底にある「アンタッチャブル」である、という事実を常に頭に置いていた。

両氏ともに自分を飾らない気さくな人柄である。草の根を自分の足で歩き、権力者を恐れる人々の心を開き、自分の目と耳と肌で彼らの夢と苦しみを学ぶ。それが自然にできる人であり、また、そうする時間を多忙なスケジュールから練り出す努力を惜しまない人だ。

インドもパキスタンも長年の政治家と官僚の汚職腐敗が国家財政を悪化させ、生産性を抑え、貧困解消を妨げてきた。権力者が甘い汁を吸い続ける有り様を前にし、親も子も、またその親も子も、何世代にもわたって社会のどん底に生き続けてきた人々。彼らが日常持つ挫折感は想像を絶する。同情や施し物はいらない、希望がほしい、せめて我が子には教育を、と望む人々を裏切り、公共教育制度の内部までも蝕む汚職は、子供の人口密度を無視して学校を建て、建築費をピンハネし、教師資格のない人間を賄賂と票集めに雇い、教科書の配布制度をも腐らせる。

唯一の希望を断たれた彼らの挫折感は、積もり積もって吐き所のない鬱憤となり、暴動や一揆、宗教の過激化を促し、テロ行動ともなる。シン氏とムシャラフ将軍の洞察力は、それを自分の経験をもとにしっかりとらえていた。ゆえに、「我が国が抱えるリスク、それは貧困に尽きる」と言い切るのであり、その言葉には魂が宿るような沸々とした情熱を伝える力がある。二人とも自分の頭で理解し、ハートに確信を持って動くから、言動に矛盾がない。だから説得力があり、人がついて来る。

経済危機という背景上、ムシャラフ大統領とは頻繁に会い、お互い歯に衣を着せずに語り合う仲になった。貧困解消を目標に置き、汚職追放を戦略とした改革が着々と進行するある日、消費税導入の会議を傍聴する機会があった。ある大臣がインフレになると反対発言。すると将軍が、「君、消費価格の一時的な上昇とインフレを取り違えてはいけないよ」と諭し、大臣が納得するまで、やさしく噛み砕いて教えたのだ。

会議の後、経済学者でさえよくまちがうことをどうして将軍が、と問う私に、彼はニコニコするばかり。財務相と中央銀行総裁が代わって答えてくれた。

「インフレの意味がどうしてもわからないから教えてくれとボスが言うので、昨夜六時間も猛烈ゼミをやったんだ。おかげで今日は寝不足。でも大統領、これで合格です。おめでとう」

爽やかな笑い声が響く官邸で、指導者こう在るべしと心底うらやましかった。

インドでは、シン氏を見習って声なき国民の声を聞こうと、膨大な国の草の根を歩くことに時間を費やしていた私は、彼に会う回数は少なかった。しかし、大きな疑問に巡り合うと必ず彼を訪れた。その草の根からさまざまな汚職形態を知り、政治改革なしには国民のためになる経済改革が不可能と悟る。

汚い金で動く政治から良い民主主義への推移を促す戦略は何、とシン氏に質問したことがあった。「女性だよ」の一言。びっくり仰天した私に、シン氏はこう教えてくれた。

「政治家すなわち男は、皆何らかの利害関係に縛られ、脱するには世代交代に時間がかかる。一方、女には自分のことは後回しにするＤＮＡがある。親のため、子のため、村のため、国のためをまず考え、捨て身になる勇気がある。女性議員を増やし育成すれば、良い政治を築く土台が思うより早くできる」

女なのに気がつかず赤面の至りと恥じる私に、やさしかった。

初会談で固い握手を交わすシン首相（左）とムシャラフ大統領（写真提供：ロイター／アフロ）

「中産階級の先入観と男の偏見は怖い。読み書きのできない女性たちからこれを学びとるのに一生かかってしまった。教育あるインド女性にさえ突飛すぎると笑われる。すぐわかってくれてありがとう」

シン首相誕生の日はとにかく嬉しかった。そして、初の印パ首脳会談が待ち遠しかった。まるで一卵性双生児のような方々だから大丈夫と自分に言い聞かせながら一人でやきもきしていた。〇四年秋、ニューヨーク国連総会で実現した会談直後、両氏のこぼれるような笑顔とお互いを思いやるボディーランゲージを見て、涙が出た。二人とも嘘をつけない性格で、心が顔と体に鏡のように映るのを知っているから。

この会談で、印パ関係正常化を阻害するカシミール問題[3]の解決に対し、目標合意と何らかの戦略的政治決断があったと読む。また、カシミール問題解決のリスクが両首脳の政治生命そのものになったと考える。心から尊敬する二人の指導者に対し、世界平和のために末長くあれと祈った。

1◆マンモハン・シン（一九三二〜）：インド第十三代首相。インド中銀総裁、財務相などを経て二〇〇四年五月に首相に就任。
2◆パルヴェーズ・ムシャラフ（一九四三〜）：一九九九年にクーデターにより実権を掌握。二〇〇一〜〇八年大統領。
3◆カシミール問題：インド・パキスタン・中国の国境地帯における領土紛争。第一次・第二次印パ戦争をはじめ、たびたび印パ間の軍事衝突を生んだ。二〇〇三年に停戦ラインが発効、〇五年には両国をつなぐ定期バスが運行開始。

チャンドリカの癖

［スリランカ］

カリブ海のある島国で迎えた二〇〇四年のクリスマスは満月。玲瓏《れいろう》と輝く名月だった。あの夜、ポヤというスリランカの満月祭をふと思い出した途端、あるスリランカ女性の安否がむやみに気になって仕様がなくなった。電話はなぜかつながらない。メールを打っても心配で、なかなか眠れない夜だった。

今思えば虫の知らせか、ちょうどスマトラ沖地震[1]が起きた時刻だった。数時間後スリランカに悲劇をもたらす大津波が、インド洋沿岸一帯をめざして密かにその不気味な輪を広げていたころであろう。

幸い彼女の消息は翌朝すぐわかった。呆然としてテレビの前にくぎ付けになっていた私の耳が、聞き慣れたチャンドリカ・バンダラナイケ・クマラトンガ大統領の声をとらえたのだ。

英BBCの電話インタビューだった。英国留学中の子息たちとのクリスマス休暇を中断して、急きょ帰国する大統領を空港で捕まえたらしい。お忍びで海辺に行くのが大好きな彼女のことだから「もしや」と案じていた私は、ようやくほっと胸をなで下ろした。

大統領と初めて会ったのはその十年前。南アジア担当局長の辞令を受けた直後、一緒に夏休みはいかがとお声がかかった。勉強不足の新米局長を「お見合い」に送り込むのに躊躇する部下たちを「無知を売り物に楽しんでくるわ」と笑ってなだめた。会ってすぐそう白状すると、大統領はその正直が気に入ったと高々と笑った。

一九九四年十一月の総選挙で圧倒的な支持を受け、大統領に初就任したばかりだった彼女は、お互い新米同士、一緒に勉強しようと言い出して、大蔵大臣と中央銀行総裁も家族同伴で到来。十九世紀の英国領時代に、スリランカのど真ん中、海抜一八〇〇メートルに避暑地として開かれたヌワラ・エリア。まさにスリランカ版軽井沢での一週間が始まった。

大統領別邸は、英国総督が夏の官邸としたクイーンズ・コッテージ。昔そのままの姿を残すチューダー様式の邸宅で、林の中にひっそり佇む。雨が降ると食堂にこもり、日が照れば薔薇が咲き乱れる庭園を散歩し、肌寒くなると居間の暖炉を囲んでの夏期合宿となった。思いつくままスリランカが抱える問題を分析し、政策議論をやり、世界各国の模範を話し合い、とにかく楽しい時間はあっという間に過ぎていった。

コロンボ大学法学部を出て、パリ大学政治学部卒業後、同大大学院の博士課程で経済開発学を専攻、インドや英国の大学で学究生活も送った大統領の博識ぶりは聞き及んでいた。だが、彼女の研ぎ澄まされた思考力と貪欲な好奇心には恐れ入った。さすが民主社会主義共和国の大統領、経済政策に対する考え方には市場原理や民間企業を信用しない傾向が強かったから、彼女と私の意見は何度も真正面から衝突した。

白熱した議論を重ねていたある日、教育と公共医療制度の話になった。何気なくデータを繰っていた私は、ある事に気がついてアッと声をあげてしまった。義務教育普及率、識字率、保健衛生状態など、社会事業の成果を示すデータは、スリランカがすでに先進国並の水準に至っていることを示しているのだ。反面、国民平均所得は明らかに発展途上国のレベルにある。こんな途上国は世界中どこにもないと驚く私の説明を聞いて、大統領もびっくり。さっそくなぜこうなったのか考えようと、その日は徹夜になった。いろいろ理由はあるけれど、結局、社会主義の教育・衛生を重んじる長所と、働く意欲と生産性を抑える短所が長年共存したからだという結論に落ち着いた。

明け方近く、眠い目をこすりながら大統領に聞いた。

「普通、貧困に苦しむ人々には子供の教育という夢があります。教育を受けてさえも貧困から脱出できないスリランカの国民は、何に夢を携えるのですか」

七〇年代に農地改革委員会の議長として大事業を手がけたとき、国の隅々まで歩き回った経験を持つ彼女は草の根を知り尽くしている。即時返答を期待していた私は、考え込んでしまった彼女を見て絶句した。

長い沈黙の後、大統領はゆっくり静かに、まるで自分に言い聞かせるように話し出した。尊敬してやまなかった父バンダラナイケ前首相も、大恋愛をして結婚した映画スター兼政治家の夫クマラトンガ氏も、ともども刺客に倒された悲劇の人は、大切な質問をしてくれたと言った。暗殺や暴力

クマラトンガ大統領（中央）との夏休み。当時の大蔵大臣（左から２人め）と中央銀行総裁（右から２人め）も加わって

に走りがちなスリランカの政治の悪い根がそこにあるのかも知れない。社会主義に市場原理を取り入れて、良質な経済成長を促す改革が必要だ。その道を真剣に考えるべき時が来た。長年、民族独立紛争を続けてきたタミル過激派問題[2]の解決も、武力と政治改革（地方分権化）だけに頼ってはいけない、と。

あくびを噛み殺していた大蔵大臣も、時々船を漕いでいた中央銀行総裁も、そして私も、眠気などふっ飛んでしまった朝が来た。清々しいスリランカの朝だった。

〇四年十二月二十六日、刻々と伝わって来る惨事の莫大さに、電話インタビューをするBBCアンカーマンの声はBBCらしくなく、明らかに上ずっていた。対照的にゆっくりと静かに話す大統領の声は、動転していたアンカーマンにも私にも良い鎮静剤になった。人一倍どっしり落着いている彼女が、危機に直面した際に見せるさらに超人的な冷静さには、舌を巻いたものだった。「あら、またチャンドリカの癖が始まったわ」とつい破顔してしまった。

貴国にはこのような大惨事に対処する準備があるのかというBBCの鋭い質問に、彼女は躊躇せずノーと答えた。たいていの政治家はイエス・ノーをはっきり言わない。間接的な回答をするか、自分の言いたい事だけ喋るかが落ちである。しかし「国民の信頼が命の政治家は正直じゃなきゃダメ」が口癖の大統領はこう言った。

「断層地帯にないスリランカは、地震や津波の歴史がない国なのです。洪水の経験はありますが、このような大惨事に対処できる適切な準備はありません。組織化されていないのです」

学究肌の彼女らしく順序立てて分析的に語る一言一言。苦しむ国民を想う悲しみがとくとくと伝わってくる声色。ああ、チャンドリカの頭とハートはいつもの通りつながっている、と思った。

トップリーダーの率直な言葉は稀だ。ゆえに、敏感な報道界は感じ取り、感銘さえ受けるのだろう。その後数日間、BBCは彼女の言葉を曲げることなく、「だから早く救済援助を」というポジティブなコンテクストに入れて、幾度もくり返し報道していた。まるで、こんな首脳が率いる国なのだから大丈夫とほのめかしているようだと感じたのは、ただのひいき目だったのだろうか。

あの清々しい朝から十年間、回り道はあったが、スリランカの改革は見違えるほど底力のある経済を築き上げていた。北東部の村々でも和平交渉以前から紛争の戦火をくぐって、学校、潅漑、水道整備などの復興開発事業が進んでいた。

スリランカとはシンハラ語で「輝く国」という意味だと教えてくれたのは大統領だった。「輝く国」の国民が言語や宗教の違いを超えて力を合わせ、津波の悲劇をも国の糧として飛躍していくよう願ってやまない。

1◆スマトラ沖地震：二〇〇四年十二月二十六日に発生したマグニチュード九・三の地震。三十万人以上の死傷者を出した。

2◆タミル過激派問題：スリランカでは多数派シンハラ人と少数派タミル人が対立。北部・東部のタミル人過激派が分離独立を唱えて武装闘争を展開。

ああこの国はどうなる……　［ネパール］

二〇〇四年秋、一年ぶりに訪れたカトマンズは底抜けに青い空だった。宮殿の庭にはネパールのエリートたちが勢ぞろい、勲章親授式の園遊会は大層なにぎわいだった。高価なサリーや宝石、陸・空軍の礼服が色とりどりに入り乱れる人混みの中、ぽっかりあいた穴に気がついた。真ん中に、ティーカップを手にただ一人、軍服姿がたたずむ。ギャネンドラ国王[1]だった。目深くかぶった軍帽が会話を拒否していた。はて王妃はと目を泳がすと、テントの中に付き人と座っていた。皇太子はいずこにと見回せば、テントの横。参加者に軍服の背を向けて煙草をふかしていた。

ああこの国はどうなる、と突き上げてきた悲しみ。慶事に涙は禁物と空の向こうのヒマラヤ連峰を仰いだ。午後の陽に映える雪肌は、カトマンズ盆地をぐるりと囲む山々を黒く浮き彫りにしていた。いつだったか、あの山々の一角にある村で、首都の夜景はすぐそこに見下ろせるのに、ここには電気が来ない、水道も道路もない、「カトマンズは遠い」とつぶやいた老女を思い出した。あの村も、今はもうマオイスト（ネパール共産党毛沢東主義派）反政府武装軍の支配下。庭園を談笑しつつ歩き回るデウバ首相らを目で追いながら、この庭からあのヒマラヤまで、彼らが治める国土はなきに等しい、とぞっとした。楽しいはずの園遊会が、不気味な仮装舞踏会に化けてしまった。

翌年の二月一日早朝、カトマンズの知人から「ロイヤル・クーデター」突発の連絡が辛うじて入った。とうとうお出でなさったかと驚きはなかった。憲法上、軍最高指揮官の実権を握る国王は、緊急事態を宣言して内閣から政治実権を取り上げた。全閣僚が解任され、主要政治家は自宅軟禁となった。三年以内に民主主義と平和を回復する、と公約したとの報告に、そう簡単に事は運ばないわと頭にきた。ふと七年前、ネパール初訪問をつづった旅日記に「国体消滅の確率高し」と書き込んだことを思い出した。

世界銀行グループは加盟国国民の「共済組合」だと知る人は意外に少ない。市場から好条件で借りる力のない「組合員」に、いろいろな形で長期復興開発資金を用立てるのが本命。グループの本体、国際復興開発銀行（ＩＢＲＤ）は、北朝鮮とキューバを除く全世界加盟国からの出資金とＡＡＡの最高信用格付けをもとに、低金利の債券を発行する。それを資金源に、市場ベースでできる限り金利を抑え、償還期間約二十年（据置五年）の融資をする。ネパールのように貧し過ぎてＩＢＲＤでさえ信用上貸せない国には、グループの一員である国際開発協会（ＩＤＡ）が、無利子で償還期間約四十年（据置十年）の融資をする。ＩＢＲＤは毎年純益の一部をＩＤＡの資金源として移転し、日本と共に拠出「大株主」でもある。

もちろん金融業だからリスクが伴う。だが、「組合員」はいくらやり繰りがきつくても共済組合に返済するため、大変な努力をする。あのアフガニスタンでさえ、どうにもならない最後の最後まで返済努力を惜しまなかった。ゆえに世銀が負うリスクとは、何らかの政治的な理由から国民が国体としてまとまらなくなることに尽きると考える。

気が遠くなるほど長い融資だ。今日生まれた乳飲み子が社会人となるまで国体が持続するかを見極めねばならない。その確率判断をもとに貸倒引当金を計上し、準備金高を決定するのだから、真剣勝負。人間業では無茶だと尻込みなどできない。怠れば世銀グループ全体の信用を落とし、融資金利は上昇。資本金を出資する組合員にとっても、融資を受ける組合員にとっても、大事となる。

初めは、恐ろしい大責任だと考え込んでしまった。悩み抜いた末、国体持続の判断は、歴史的観点を踏まえたうえで、国民と国家指導者の信頼関係を感じ取るしかないと思った。だから、草の根を歩き巡り、貧村やスラム街にホームステイをし、体を耳にするのが仕事なのだと決めた。そして、その判断をもとに良い改革への正の外圧となることが、世銀のリスク管理と営業の真髄だと考えた。でも、なかなか先行きの読めない国が多い中、ネパールだけは違っていた。リーダーシップの出来不出来に国運がこれほど左右されるものかと驚いた。

草の根巡りは安全かとの問いに当時の首相は、マオイストなど問題外、大丈夫と太鼓判を押した。訪問予定の村々は、ネパール東西南北の片隅。むろん道などない辺鄙《へんぴ》な所ばかりで、ヘリコプターで移動の旅となった。

まずカトマンズから北西に飛び立って驚いた。見渡す限り大地は怒る海。うねり狂う丸裸の山

「カトマンズは遠い」とつぶやく老女（左）を慰める筆者

なみ。白い泡をふく地滑り。嵐に千切られさまよう網は山道なのか獣道か。山肌にすがりつく農家は難破舟の如し。人間が自ら破壊した自然の怒りに逆らって生き延びようとしていた。残酷だった。

離陸後しばらく唖然《あぜん》としていると、操縦士が、珍しく整備された車道と山間の建物を指した。「マオイスト」の一言。世界でも数少ない極限高度操縦士の資格を持ち、エベレスト遭難救助で有名な彼は、戦線から負傷兵の救出もする。散在するマオイストの拠点をしっかり把握していた。「この辺りから眼下はすべてマオイストの支配下。テライ（南部の平地）を除けば、西部はほとんどマオイストの領地だ」。開いた口がふさがらなかった。

北西部の村々はまさにチベット高原の崖下の在所。南方の国道から徒歩で入れば二〜三週間、険しい山道の旅となる。冬は雪に閉ざされ、いまだに餓死する民もある。過酷な自然を生き抜いてきたフムラ県シミコット、ラマ村は女系社会。指導者の女性たちは畜産業を興し、薬草を中国に売り、チベットの道路に村の活性化を期待していた。カトマンズなど頼りにしたら死んでしまうと言い放った。

東西南北どこを訪れても村人の意見は同じだった。

「カトマンズは遠い。政治家は選挙のときだけ顔を出す。あてにしない」

違いは一つ、チベットとインドが代わるだけだった。南西部のある農夫は、ぐるりと周りを見渡して、ニヤリと笑ってこう言った。

「政府？　そんなものどこにも見えんがね。インド政府のことかね」

そして、どこに行っても学校がテロの温床だと見せつけられた。教師も黒板も教科書も、何もない教室で、毎日来ないものを待ち続ける怒り。権力者を信じない目。大人を嘲笑する顔。腐った政治が次の世代までをも蝕み、長いカオスの始まりが暗示されていた。

この国の政治家は虚空を治め続ける、現実拒否の名人だと悟った。改革なしには融資なし。急げ、時間がない。正の外圧に徹し、絶望に埋もれていた勇気ある指導者たちと苦楽を共にする日々が始まった。草の根の支持も高まり、ネパールの改革が動きだした。

「この貧しさを見ろ。政治の腐敗を。民の苦しみを」

時には農家の壁の落書きから、時にはすうっと近寄る青年の耳打ちから、マオイストが語りかけてくる旅だった。毎日「見えない」彼らに語りかける旅でもあった。

「自分も貧困と戦う同志だ。しかし、君は道を誤った。武力は民に物と心の潤いを与えない。政治を正す手段ではない」

そして今、ロイヤル・クーデター後の混迷を経てついにその座を失った国王に、同じ言葉を捧げたい。

1◆ギャネンドラ・ビール・ビクラム・シャー・デーヴ（一九四七〜）：ネパール第十二代国王。二〇〇一年、当時の国王はじめ王族多数の殺害事件（ギャネンドラの陰謀説あり）を受けて即位。民心の支持を得られず政権は混迷。〇五年二月に全閣僚を解任し直接統制を敷いた。しかし、これに対して抗議運動・民主化要求はますます高まり、〇六年には実権を失った。〇八年、共和制移行に伴い退任。

カシミールの水 ［インド、パキスタン］

蛇口をひねるとカシミールを想う。このほとばしり出る飲み水を、できることならあそこまで引いてあげたい。あの村人たちはどんなに喜ぶことか。

カシミール問題はインドとパキスタンの未来を大きく左右する。だから両国での初めてのホームステイは、「管理線」（Line of Control）と呼ばれるカシミール停戦前線の両側でと希望した。インド側のほうが美しく豊かと聞いて、まずパキスタンから入ったのが一九九八年四月、インド核実験再開[1]の直前だった。一週間後、いざインドへと下山した途端、核実験が行われ、目的地は外国人立ち入り禁止となった。それでカシミールはパキスタン側しか知らない。平和なら、カシミールを横断し英国領インド北部の交易を繁栄させた、ラワルピンデイ街道を歩いて行ける距離だったのに、残念だった。

ホームステイで水の苦労を教わった。水は、カシミール問題にも絡んでいる。パキスタンを背骨のように縦断するインダス川は、チベット高原の分水嶺に起こり、まずインド領カシミールを北西方向に横断する。ヒマラヤ山脈と、Ｋ２で有名なカラコラム山脈の間を削りつつ、雪と氷河の融け水で膨れ上がり激流となる。パキスタン北方領土を南下するころにはすでに大河の顔を見せ、カラコラムの尾根が消えるイスラマバード辺りで滔々《とうとう》と平野に流れ出る。

インダス川はパキスタンの生命線。発電や飲料水の重要な源であるとともに、世界最大の潅漑システムを潤して、砂漠化した国土の農業も可能にした。まさにパキスタンはインドの水で生き延びてきたと言っても大げさではない。

英国領インドが印パに分かれて独立した直後、その命の絆の水利権が大問題となった。世界銀行が交渉仲介役を受け、両国政府が十年の歳月をかけて実らせたインダス河川流域協定（六〇年調印）はその後、印パ間の戦火さえも無事くぐり抜け、今日まで生き続けてきた。しかし、カシミール問題解決協議で水利権がトランプカードに変貌し、協定維持の均衡を崩す可能性が生まれる。協議の初期に、印パ両首脳の指導力の見せ場となるだろうと思った。

埃だらけのイスラマバードから入ったせいか、山の緑がいたく目にしみた。山深くどこまで行っても続く谷間から、川音の木霊《こだま》が響いてきた。だが、インダスとその支流はこの山に住む人々に水を恵まない。険しい山脈は日照時間を極端に縮めるから、人々は農作に適さない谷底を避ける。水の音は聞こえても、川などまるで見えない高所の村がほとんどだ。稀に日当たりの良い在所が谷底近くにもあるが、川はそのまた下、絶壁のどん底を奔流する。川面まで降りるのは不可能な地形なのだ。

やっとの思いでたどり着いた村も、谷底などのぞいたら目がくらみそうな段々畑の寒村だった。

「貧しくて何もないけれど、どうぞ」と大歓迎してくれた村人たちは女子供に老人のみ。男衆は紛争に命を落としたか、でなければ兵隊か出稼ぎで留守。なのに、客人扱いはよして働き手が増えたと思ってください、と説得するのに時間がかかった。

山の日没は早い。焚火を囲んでの夕食で、腹いっぱいのご馳走は今晩だけと笑いかける村人たち。水のことだと、この先一週間「母」となる人が教えてくれた。貴重なガラスのコップにあふれるほど注いでもらい、まわし飲みする。唇はコップにつけないで、一気に喉に流し込む。慣れない手もとは狂い、胸元はずぶ濡れ。笑う村人は、我らの水を恐れずに飲んでくれたと喜んだ。

甘露だった。裏山に湧き出る泉の水で、安心して飲める水はそこだけだと母は言った。山を落ちいく小川の水に火を通せばいいとは知っているけれど、薪を集めるのは水汲みよりも大変だからと教えてくれた。村長格の老人は、パイプを引いて泉の水を村まで落とす計画を作ったが、政府には武器を買う金はあっても我らのための金はないらしいと言った。少しずつ皆で貯金をしているから、いつか必ず、という説明をうっとりと聞く村人の目は、まるで天国の夢を見ているようだった。

ホームステイを共にした部下たちと畑仕事や草刈りに明け暮れる毎日、母の姿は始終険しい裏山に消える。水汲みに、片道一時間の急斜面を黙々と往復しているのだ。まだ夜明け前、真っ暗な山に溶け込むように入り、日の出とともに帰ってくる。昼前には、高地の射るような太陽の直下、汗を流して往復する。そして日没前にもう一度、疲れた体に鞭打って登っていく。大きなアルミの水瓶を、一つは頭に載せ、もう一つは腰脇に抱え込んで昇り降りする重労働。見かねて手伝おうとしても、慣れない人には危険だと、がんとして許してくれない。じゃあ訓練してくださいと取り上げた水瓶は意外に重く、頭に載せたら背骨が潰れそうで、片手で抱える腕力もない。せっかくの水がこぼれてしまうと笑う母。やせ細った顔をしみじみ見て「アマ（お母さん）に後光がさしている」と言った。本当にそう見えた。

水道が引けたら毎日六時間が浮く。母は読み書きを習いたいと言う。水汲みは大変だけれど非識字の暗闇はもっと苦しい。はやくこの闇から出たい。夫も息子も戦争で亡くした今、身寄りはインド側の従兄弟のみ。一生会えなくても文通さえできたらと母は泣いた。

そもそもカシミール問題は大英帝国の醜い落とし子だ。英国はインド・パキスタン独立後も内政に関与し、まだ逆らう力のない両国の指導者を怒らせた。マウントバッテン英総督は独立後もインド総督として残り、驚くことに、インド内閣の緊急事態委員会と防衛委員会の議長までをも務めた。もっと驚くのは、独立国インドとパキスタンの軍最高司令官と指導者層が双方ともに英国の軍人だったという史実だ。四七〜四八年のカシミール戦争は世界史上唯一、英国という第三者の軍人が敵対する軍を指揮して戦った戦争なのである。

彼らは印パ首脳にそれぞれ忠誠を誓う身でありながら、英国政府から指示を受け、母国の国益を優先した。当時の英国は、脱植民地時代における英連邦の持続を重視し、連邦国間の戦争を避ける方針であった。ゆえにカシミール戦争は中途半端に終わったということらしい。勝ち負けはどうあれ戦争は嫌だが、インダス河川流域協定のように印パ指導者が自らの力で得た結果ではなかった。

だから中途半端の生傷はいまだに膿み、母を泣かせ、南アジアの繁栄を抑え、世界の平和をも脅かす。大英帝国の最後は潔くなかった。

二〇〇五年春、「アマ」から人づてに伝言が入った。「もう水道は夢ではない。平和がくる。あなたが歩きたがった街道がよみがえる。四月七日、停戦ラインを越える定期バス[2]が運行を開始する。戦争で破壊された橋を直し、荒れた道を修理する突貫工事に、寝るのも惜しんで働く村人の喜びの歌声が、山間に日夜響いている」

インドのシン首相とパキスタンのムシャラフ大統領のリーダーシップだからこそ実現した、カシミール問題解決への第一歩だ。始発バスは両氏自ら送迎した。

四月中旬、大統領が印パ・クリケット試合観戦を口実にデリーを訪れた。再会を喜ぶ二人は、それが定期バスに乗る「アマ」の喜びには勝らぬと知る指導者だった。

1◆核実験：一九九八年五月にインドが地下核実験を実施。数日後にパキスタンが初の核実験を行った。
2◆定期バス：一九四七年の第一次印パ戦争以来初めてであり、〇四年に始まった印パ和平協議の最大の成果とも言われる。

偶然［トルコ、バングラデシュ、スリランカ］

春や秋、所によっては真冬にも、新学年の始まる時期は国々の気候風土に左右されるが、よくその時期をめがけて出張したものだった。早朝、ホテルを抜け出して、登校する子供の姿を探し歩く。運良く出会ったら「英会話の練習」ですぐ仲良しに。校門まで付き合って、宿題の文句から授業の批評、果ては先生の悪口までと話は尽きない。

変な趣味と笑われても仕方ないけれど、先生の悪口は、年金目当てに教職を賄賂《わいろ》で買う「幽霊教師」の存在を気づかせた。鞄の中に真新しい教科書が収まっていればひと安心。無ければ無いで「なぜ」と聞く。数カ国で、教科書配布には賄賂が要る、と子供たちから教わった。お弁当の中身を聞いたら、給食はどうして「お客さん」の来る日にしか出ないのと逆に聞かれて、某国文部省役人らの給食詐欺を発見する糸口になったこともあった。いつでも、どこでも、子供たちは正直で、物怖じせずに貴重な知識を授けてくれた。

きっかけは約二十年昔、トルコでの偶然だった。すでにそのころからヨーロッパ連合（EU）参加をめざしていたトルコは、西欧にかぶれていた。特にイスタンブールがそうだった。ある日、空港に向かう車窓から、ヨーロッパ的な町並みをぼんやり眺めていたら、頭をスカーフで覆った女生徒の登校姿が突然視界に飛び込んできた。ドキリとした。イスラム原理主義が秘める危険性を本能的に感じ取った瞬間だった。

翌朝、何か見えない力に背中を押される思いがして、首都アンカラの路上に出た。地図を片手に貧民街を歩いていたら、心配したのだろう、登校する娘たちに付き添ってきた母親に声をかけられた。家でお茶でも飲んでから帰りなさいと誘われて、そのまま半日居座ってしまった。

学費稼ぎよと微笑んでせっせとレースを編むその人に散歩の理由を説明すると、彼女は手を止めて大きくうなずいた。イスラム教の真髄は「普遍の愛」と「大いなる寛容」だと前置きして、片言の英語で教えてくれた。原理主義どころか、この街ではイスラム過激派の洗脳活動が活発。だから毎日娘たちを学校まで送り迎えする。コーラン（イスラム経典）は、礼拝の場では男も女も頭をかぶって謙虚にと諭す。それだけの当たり前のことが、無知なイマーム（導師）に曲げられてしまう。原理主義に染まる人間はコーランを読んでいない。非識字イマームが多いのにも呆れてしまう。教祖モハメッドの奥さんはやり手の実業家[1]、イスラムが女を卑下するわけがないでしょうと笑って、彼女は、ぜひコーランを読みなさい、英訳があるはずだからと勧めてくれた。

それからすぐ、まるで申し合わせたように、パキスタンのあるＮＧＯ会長が知る人ぞ知るユスフ・アリ訳のコーラン（一九三四年出版）を贈ってくれた。美しい英語にリズム感のあふれた訳はとても馴染みやすく、コーランは詩、吟詠するものと初めて知った。

スリランカの村の小学校を飛び入り訪問。１年生の臨時英語教師になりすます

すっかり病みつきになった朝の散歩に学校訪問を加え、コーランも好きな部分は暗唱するほど読んだ。みなどれほど仕事に役立ったことか計り知れない。

旅程無視の飛び入り学校訪問が癖になったのは、確か一九九五年、バングラデシュを初めて訪れたときだった。イスラム教国では稀に開放的な文化だから、原理主義や過激派など心配無用とのブリーフィング（事前の状況説明）に安堵して、東西南北ひと月余り、草の根巡りの旅だった。

貧しいバングラデシュでも最も貧しい北西部を、インド国境にそってドライブしていたときだった。国道からその晩泊まる村に向かう田舎道に乗り入れた途端、雲一つない真昼の熱天下に幕が下り、その影に頬をなでられた気がした。

熱帯のまぶしい光によく似合う原色とりどりのサリー姿が、路上に田畑にあふれるように見えていた働き者のバングラ女性が、かき消えていた。

思わず車を止めてと騒ぐ私に仰天した部下たちは、バナナ畑の奥深くに学校らしき建物を目ざとく発見、独り合点してしまった。パーダ（イスラム原理主義社会に見られる女性外出禁止の習慣）を説明しようとすると、心配するなと遮って、時間はあるから大丈夫、訪問してみようとさっさと下車してしまった。しかし、校庭に近づいた途端、彼らもハッと棒立ちになった。女子教育に熱心なお国柄、昼休みの校庭にあふれているはずの女の子が一人も見当たらなかったのだ。

村人が共同出資してつくった小学校だった。変な外国人が来たとの知らせに、村の有力者が駆けつけた。「敬虔《けいけん》なるイスラムの村にようこそ」と歓迎された部下たちは、慌てて「ボスは彼女です」。女の私とは視線など合わせもせず、もちろん握手はもってのほかのイマームだった。透明人間とはこういう気分かと思わず笑ってしまった。

お茶をいただきながら女子教育はと尋ねると、女に教育は無駄と冷たい。なぜですかと問うと、コーランの教えだと胸を張る。しめたとばかり、どのスーラ（章）にそう書いてありましたっけと、手提げから取り出したコーランの頁を繰りはじめた。実は自分は読んだことがないと白状してくれるまで、時間はかからなかった。歴史的な観点から見れば、まるで女性解放革命宣言ともとれるコーラン。仏教徒だから深くは知りませんが、と断って女子教育や女性の地位に関した部分を拾い読みしながらのイスラム談議となった。

日が西に傾くころ、ふと気がついた。女子校をつくると言い出したイマームが、もう私の目を避けずに話しかけている。「夕食をご馳走しよう。妻と娘に会ってほしい」。黙って差し出した私の手を強く握り返す彼の手は、ゴツゴツ荒れた農夫の手だった。

それ以来、どこに旅しても頻繁に、慌てる同行の役人たちをなだめすかしては飛び入り訪問のわがままをさせてもらった。普通、途上国の教師たちは田舎の学校が大嫌い。大枚を積んでまで政治家に取り入って、都会に転勤してしまう。最もひどいのは、そうでなくても不足がちな英語や数学の教師。事前通告なしの視察をするたびに見た、来ない先生を辛抱強く待つ幼い顔は、教育制度改革なしには援助融資拒否という姿勢を保つ源動力となった。

スリランカの辺鄙な村では、もうひと月も待っているのと堪《こら》えきれずに泣き出した小学一年生の教室で、じゃあ今日だけでもと臨時英語教師になりすましたこともあった。ＡＢＣを歌い、童話を読み、感想文の発表会をし、楽しい一日を過ごさせてもらった。

それを「変事」と聞いて飛んできた、土地の政治家の慌てた顔に、堪忍袋の緒が切れた。明日も来てとすがりつく子供たちの前で、私腹を肥やすより国の将来を思え、君はそれでも政治家か、人の親か、と激怒した。「先生ありがとう、もういいから」と、一生懸命なだめてくれたあの子たちの澄んだ瞳を忘れることなどできやしない。

トルコの偶然から通算して二千日近くの出張を重ねた計算になる。出会った生徒も親たちも何人になるのか、もう数え切れない。名前や顔はいつの間にか忘れてしまっても、皆そろって「恩師」と敬う心に変わりはない。

アンカラの散歩で出会ったあの人は、編み上げたレースの敷物を譲ってくれた。その宝物を出すたびに、あの朝の貴重な教えを思い出して頭が下がる。

1◆モハメッドの最初の妻ハディージャは富裕な交易商人であった。

人づくりの奇跡

［ブータン、パキスタン］

「リンゴ一個たすバナナ一本は、いくつですか」。公式旅程に組み込まれた学校視察は退屈だ。お膳立てが過ぎて、きれいごとばかり目に障る例が多い。それで「リンゴとバナナ」問答を思いついた。部下たちは、またミエコの壊れたレコードが回りだしたぞ、とクスクス笑いながら応援してくれた。

国づくりは人づくり。人生すなわち学習で、学校教育はその基礎固め。教わったことはなくても、自分で考えようとする姿勢と、勇気と、思考力は培われているのだろうか。それを探るための質問だ。しかし何百回と回しても、ブロークン・レコードは壊れたままの空回り。子曰く「学びて思わざれば則ち罔《くら》し」と、落胆ばかりしていた。だから、ブータンとパキスタンで「正解」に遭遇したときは正直「奇跡」と驚いた。

地理的にも歴史的にもブータンの中心にあるトロンサは、海抜二千百八十メートルの城下町。東西南北複雑に入り組む山脈と峡谷を削り続ける激流の、天然の砦に収まっている。母の祖先が昔治めた丹波の山国にそっくりで、旅の疲れを癒してくれた。山あいにひっそりと咲く冬桜も、白鷺《しらさぎ》が飛び立つ姿の古城も、はるかなる祖国を想わせた。

初訪問の国巡りは、辺鄙な村でのホームステイからと決めていた。めざすベムジ村はトロンサの北の在所と聞いていたが、「すぐそこに見える」と教える県知事の手は北どころか上空を指していた。チベットに向かって山二つ越え、三つ目の山肌にかかる朝雲のそのまた上。山頂からゆっくり下る朝の陽に農家の白壁が踊って見えた。健脚なブータン人なら二〜三時間の距離を、ゆっくり登って半日かかった。

ベムジ小学校は、村の裏手の山頂にあった。十一月のヒマラヤ寒気が谷底から吹き上がってくるのに、仮校舎には火の気などない。編み竹の壁と地べたにゴザで、椅子も机もない。片道三時間の山道を毎日通う子もいれば、自炊下宿の子も多い。それでも元気いっぱいな子供たちは「リンゴ一個たすバナナ一本は、リンゴ一個とバナナ一本です！」と競って大声を上げた。

一瞬耳を疑った。度肝抜かれて棒立ちのまま唖然と声もない私に、今度は子供たちが目を丸くした。小さな頭を寄せ合って、この人わかんないのかなあ、とヒソヒソ話。級長らしい鼻水小僧が「果物二つとも言えるけど、わかりますか」と、上手な英語（教育用語）で優しく説明してくれた。ブータン初訪問の三日目。あの国のすごさを初めて味わったうれしい思い出だ。

国民教育に熱心なブータンでは、その後訪れたどの学校でも反応は同じだったが、不熱心のパキスタンで手応えがあったときには奇跡と感激した。パキスタンでも最も貧しいバルチスタン県の片隅に、忘れられたようにあるマンド村でのことだった。

ジャラル氏（中央）が設立したマンド女学院で。「幼稚な質問」の理由を聞かれた瞬間

北に徒歩数時間でアフガニスタン、西に一時間足らずでイランの国境。見渡す限りの砂漠の中に、砂漠色の土壁の大集落が潜む。ローマ帝国に迫害され「はるか彼方の西方から」地下水を求めて移り住んだという村人たちは、敬虔なイスラム教徒。世隠れの村の男衆は、近年まで女を土塀の奥深く隠し、生涯外出を禁じていた。もちろん女子教育などもってのほかだった。その村の真ん中に、まぶしいヤシの緑と白壁の校舎が「もう隠れませんよ」と主張していた。別名「マンドの奇跡」と呼ばれる、マンド女学院である。

女学院はマンドで生まれ育ったズベダ・ジャラル氏の苦労の賜物だ。慎み深い彼女は、クウェートに留学させてくれ、女学院に家財を投じてくれた父のおかげよと微笑む。ジャラル家の姉妹を除けば女性識字率ゼロの村に戻ってすぐ塾を開いたが、外出禁止の女の子は一人も集まらない。父親と二人で、村中一軒一軒「良母は万の教師に勝る」と説得し歩いたのが始まりだった。

それから十五年、一九九六年に訪問した私をジャラル氏とともに案内してくれたのは、高名なアガ・カーン大学[1]医学部に学ぶ第一期卒業生だった。マンドの女は男の医者を嫌う。母も産後の肥立ちが悪いのに医者にかからず、自分の一歳の誕生日に死んだ。村の女医になるのが夢だった。その夢がすぐかなうと微笑む美しい人だった。

まず通されたのは一年生の教室。まだ学校にも椅子の生活にも慣れていないからと配慮して敷かれた虹色のじゅうたんがかわいい。その上に小さなあぐらをかいた女の子たちは、青い制服に色とりどりの髪飾りや白いショール。まるで鈴なりに実る果物のようだった。

早速「リンゴ一個たすバナナ一本は、いくつですか」。教室が騒然となった。何かガヤガヤ相談を始めたのだ。しばらくして、代表に選ばれた子が立ち上がりよく通る声を張り上げた。「リンゴは本で読んだだけだからわからないけれど、シュロの実とバナナだったらわかります」。ちょっぴり心配顔だったジャラル氏がうれしそうに通訳してくれた途端、一二三と声かけ合わせて「シュロの実一個たすバナナ一本は、シュロの実一個とバナナ一本です!」。思わず大笑いしてしまった。

しかし「正解」を奇跡と喜ぶ暇もなく続いたその後がすごかった。一番前に座った一番小さな子が私の目をしっかりとらえて不思議そうに聞く。「なぜそんな幼稚な質問をするの」。教室中、そうだそうだと頭が揺れる。うれしいやら、恥ずかしいやら、しどろもどろに説明し終えたときには、冷や汗びっしょり。ジャラル氏が、首都イスラマバードの小学生でさえ、この質問に答えられないのよ、と付け加えてくれた。村から一歩も出たことのない子供たちの驚いた顔と誇りに輝く瞳は、この世のものとは思えぬ美しさだった。

パキスタンの腐った政治の触手はこれほど希有な私立学院にまで及んでいた。免除のはずの「所得税」を請求し、苦労して取った援助補助金を横領し、汚職と戦うジャラル家の人々の命までをも脅迫し続けていた。国民教育に過ちを犯す政治は数世代の人材を消し、そのうちに国を亡ぼす。「マンドの奇跡」は、対パキスタン融資の全面停止を決心する勇気を与えてくれた。

数年後のクーデター直後、ジャラル氏からの電話で教育大臣の任命を受けたと知り驚いた。ムシャラフ将軍が民間専門家の起用に奔走しているとは聞いていたが、人を見る目があるとうなった。国の教育費までをも吸い取ってきた汚職の根を断ち切るのは、犯罪マフィアとの戦争だ。軍の後ろ楯なしにはできぬ大仕事。クーデターは嫌いだけれど、パキスタンが国家として立ち直る最後のチャンスだ。今までの自分の苦労と経験を、教育制度改革に生かしたい、と語る彼女の声は熱かった。

将軍と二人三脚の彼女の改革はめざましかった。二年経ち、改革以前に一度訪問していたイスラマバードの小学校は、同じ学校かと疑うほど変わっていた。生徒の母親がこう言った。学校なんてつまらないと登校拒否していた一人息子が、今は朝ご飯を食べるのも忘れて走り出ていく。夢のようだ、と。

正しい政治は子供たちの笑顔となり、親に家族に幸せをもたらした。改革の成果の輪は、声なき草の根に迅速に広がり、数年後の総選挙に出馬したジャラル氏はむろん圧勝した。選挙に前後して結婚、出産と続く慶事に、神仏は御座す、と心からありがたく思った。

1◆アガ・カーン大学：イスラム教イスマイル派のイマーム（導師）アガ・カーンが指揮するアガ・カーン開発ネットワーク（二二七頁参照）内の大学。

男尊女卑？［インド、スリランカ、バングラデシュ］

「男尊女卑の因習は世界中どの国でも根強く残るけれど」と前置きして、ある途上国の首相（男性）から「日本は先進国なのに、なぜ天皇を男のみに限るのか」と問われたことがある。「国民平均所得のような物差しだけで先進国と決めるのはまちがいですね」と答えた。女帝問題が「問題」になるおかしさは我が国の恥。あのときほど日本人として恥ずかしいと思ったことはなかった。

なぜか南アジア諸国には女性の首脳が多い。著名なインディラ・ガンジー、インド首相は、独立の立役者ネルー首相の娘で、「ネルー・ガンジー王朝」を築き上げた。一度は会ってみたい人だったが、惜しくも一九八四年に暗殺されてしまった。

同じく暗殺された（九一年）長男ラジブ・ガンジー首相の夫人、イタリア生まれのソニア・ガンジー女史は、夫の後を継いでコングレス党[1]の総裁。二〇〇四年の総選挙直後、首相就任を潔く辞退して国民の絶賛を一身に集めた人だ。権力者の出処進退で一番難しいのは「退」。さらに輪をかけて難しいのが身の引き方とタイミング。彼女の水際立った姿勢にも、絶妙なる好機選択の判断力にも、インド国民とともに深い感銘を受けた。真の権力は、それを自主的に放棄する指導者に与えられると教わった。彼女も一度会ってみたかった人で、お膳立てしようと何度か誘われたのだが、残念ながら機会がなかった。

近代史初の女性首相が南アジアから出たことは、あまり知られていない。先述（一二三頁）のスリランカ大統領の母、シリマボ・バンダラナイケ首相がその人だ。夫のソロモン・バンダラナイケ首相が過激派仏僧に暗殺された翌年、六〇年の総選挙で首相となった。就任したてのころはキッチン内閣[2]をもじって「キッチン首相」と嘲笑され、持ち前の決断力と凄腕を見せはじめると「鉄の女」と恐れられたという。

南アジアにはもう一人、世界史上初めての記録を持つ女性がいる。イスラム圏国家初の女性首相ベナジール・ブットー、パキスタン首相[3]だ。彼女の父、ズルフィカル・アリ・ブットー首相は、クーデターを起こした陸軍参謀総長ジア・ウル・ハク将軍に処刑された（七九年）。その将軍が飛行機事故（暗殺とも言われる）で死亡した後、彼女が率いるパキスタン人民党が八八年の総選挙で圧勝したときは、同じ女性として無性にうれしかった。

楽しみにしていた初会談だったが、会って幻滅。官邸を出るなり、同伴していた部下に言った。「今会った人はマリー・アントワネット。パキスタン首相じゃないわよ」。気でも狂ったかと心配する彼に、史実かどうかは知らないけれどと、ギロチンに散ったルイ十六世王妃のことを話した。国のお金を湯水のように使うぜいたく好きの世間知らずで、飢饉の報告に「パンがなければお菓子を食べさせろ」と放言したそうよと。部下は「女は女に厳しすぎる」と注意してくれたが、後日

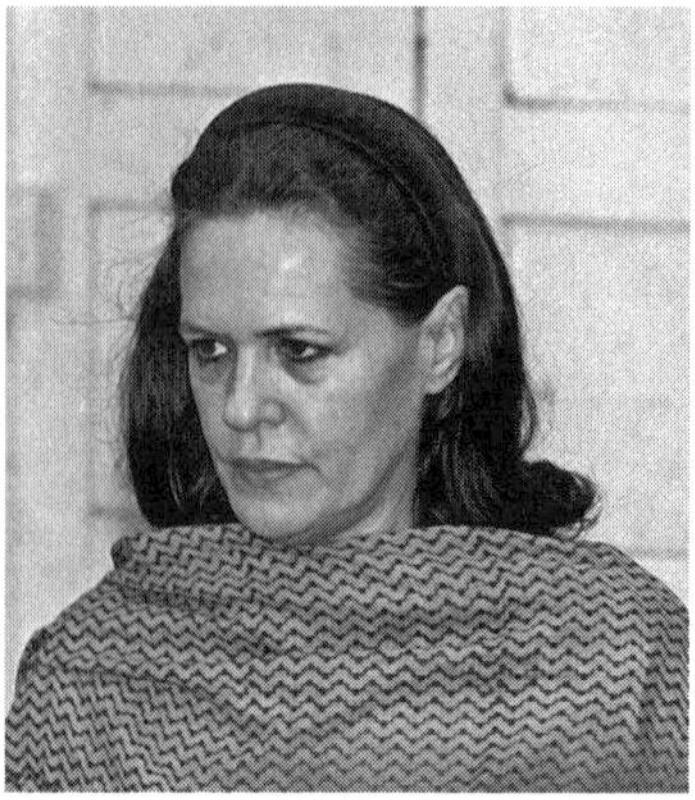

ソニア・ガンジー
（写真提供：PANA通信社）

インディラ・ガンジー
（写真提供：PANA通信社）

「あのときミエコが言った通りになった」とわざわざ謝りに来てくれた。

彼女は二度当選したが、二度とも憲法上の政治無能・汚職を理由に大統領に解任されてしまった。そして実質的に国外逃亡。「逃亡」後、頼まれて一度会ったが、マリー・アントワネットぶりは、さらにひどくなっていた。その帰り道、「貧しくて何もないけれど、どうぞ」とホームステイを歓迎してくれたパキスタンの村人を部下たちと一緒に思い出した。涙を浮かべながら歩いたワシントンの夕暮れは寂しかった。

こうして並べて見ると、彼女たちは政治家家系に属し「王朝・王位」継続のために政界入りをしている。皆、そうなるきっかけが暗殺とは不気味だ。

そのきっかけのバングラデシュ版は、首相の座を競う女性二人の対決理由となり、政治に悪影響を与えてしまうから困る。バングラデシュ民族主義党党首のカレダ・ジア首相と、アワミ連盟（野党）党首のシェイク・

シェイク・ハシナ
（写真提供：PANA 通信社）

カレダ・ジア
（写真提供：AP Images）

ハシナ女史がその二人だ。

ハシナ女史の父はシェイク・ムジブル・ラーマン大統領。七一年戦争で、パキスタンから独立を勝ち取った建国の父だが、七五年、軍部クーデターで家族多数とともに暗殺された（ハシナ女史はドイツ留学中）。わずか三カ月後に軍の内紛で反クーデターを起こした指導者が、カレダ・ジア首相の夫ジア・ウル・ラーマン陸軍参謀総長。その彼も八一年に暗殺された。

ハシナ女史はジア首相一族が父の暗殺に関係したと憎み、首相もハシナ女史が率いるアワミ連盟が夫の暗殺に絡んだと敵視する。トップが犬猿の仲だから、与党と野党の話し合いなどもってのほか。政党の衝突は、官僚組織、労働組合、民間企業や非営利団体、果ては学園や犯罪マフィアまでをも党色に染めて国を真っ二つに割る。ゼネストや殺人、婦女暴行までもが日常茶飯事となり社会・経済に悪影響を与える。

迷惑するのは国民だ。ガンジスを含む三大河のデルタ

ベナジール・ブットー
（写真提供：PANA通信社）

シリマボ・バンダラナイケ
（写真提供：AP Images）

に載り、くり返す洪水にあえぎ、天然資源ゼロ・人口密度世界最高の国。独立時、キッシンジャー米国務長官（当時）がbasket case（国家経済は成り立たぬ）と見放した国。TI（トランスパレンシ・インターナショナル）が発表する各国の腐敗認識指数で毎回世界最悪に近い汚名を着る国。なのに、勤勉で起業家精神旺盛な国民は、六％前後の高度成長を長年持続してきた。政治さえ良くなれば、二桁成長率など朝飯前の底力を持つ国なのだ。一世代で貧困解消も夢ではない。

救いは、血と涙を流し自分たちの手で勝ち取った民主主義である。総選挙ごとに、世界最高とまでいわれる投票率で有権者がくり出し、特に女性の投票率は九割にもなるという。その結果、毎回与党と野党が交代するのは、もう喧嘩はいい加減にしろという民の声であろう。

両女史ともども、ヴィジョンを持ち、政策のよしあしを熟慮する能力があり、政治力も旺盛だ。国土の大半が水没する大洪水に襲われても、危機管理体制を確立・駆使して死者を最小限にくい止めるリーダーシップは見事。洪水の後に必ずくり返してきた飢饉の歴史さえをも昔話にしてしまった。国づくりは人づくり、特に母親の人づくりをと、二人とも女子教育に熱心で、世界をアッと驚かせる成果をあげた指導者でもある。会うたびいつも楽しかった。

これはもう女の感情が理性の邪魔をしているのだから我ら男には手のほどこしようがないと、要人数人に女性のあなたから非公式に進言してくれと頭を下げられたこともあった。しかし、大所高所から国家の百年先を見つめてと言っても、情熱的なバングラデシュ女性のハートに立つ歯はなかった。

南アジア諸国には有能な女性政治家が、家系や暗殺に関係なく育ちつつあるという明るい事実も添えておこう。前章で紹介したパキスタンのジャラル大臣もその一人。彼女たちが国家指導者となる日もそう遠くはない。

そしてそのとき我が国は、本当の「先進国」に成長しているだろうか。女帝を「問題」扱いして恥すら知らぬ国のままであろうか。

1◆コングレス党（Congress Party）：インド国民会議（Indian National Congress）ともいう。インドの最大政党。
2◆キッチン内閣：アメリカ第七代大統領アンドリュー・ジャクソンが非公式に組織した有識者会議。
3◆ベナジール・ブットー（一九五三〜二〇〇七）：パキスタン人民党総裁。一九八八年にパキスタン第九代首相に就任、九〇年に汚職で解任。九三年に返り咲くが九六年にふたたび汚職で政権を失った。その後国外で政治活動を行う。二〇〇七年に政界復帰をめざして帰国、集会中にイスラム過激派に暗殺された。

雷龍の国に学ぶ ［ブータン］

1　理想像の理想像

机上に一枚の写真がいつもある。ジグミ・シンゲ・ワンチュク雷龍王、すなわちブータン国王。小学生の幼きゆえに率直な問いを、真剣に聴き終えた国王が、ふと考え込んだ瞬間をとらえたのだろう。国王の人柄が滲みでている。この写真は、人の上に立つ仕事に就いてしまった私を、傲慢だと叱り、謙虚な姿勢が足りぬと諭し、改革に挑戦する勇気をもてと励まし続けてくれた。「雷龍の国」[1]ブータンのことをつづろう。世界で一番学ぶことが大きかった国だ。

企業の運命は指導者に大きく左右されるが、それは国家も同じこと。世界銀行での「悟り」はそこに尽きた。指導者の資質が国のガバナンス（統治管理）のよしあしを決め、良いガバナンスは貧困解消を促進する。一世代で貧しさを断ち切ることも、決して夢ではない。

仕事柄、多種多様な指導者に出会った二十三年間、リーダーシップ理想像をいつも継ぎはぎ細工にしていた。人を引きつけるビジョンと情熱。右ならえをせぬ勇気。人の上に立つは下に居ることと知る謙遜。異なる視点や反対意見を重んじる寛容。信念鉄の如く、ほれぼれするほどつながる頭とハートと行動。まことの力は、自ら権力を放棄してこそ授かるものと熟知する人徳。まとめてカリスマ、重量感。そんな指導者などこの世にいないと思っていた。

ところがいたのだ、ブータンに。それも一人や二人どころではなかった。


副総裁就任（一九九七年二月）前夜、ジュネーブの晩餐会で「カリスマ」ブータン人に初めて会った。ある国際会議に出席していた代表団だった。数年後には首相や大臣となる彼らから「国民総幸福量」という考えを教わった。食事をとるのも忘れ、目を丸くして聞き入る私を楽しそうに見ながら、彼らはこう言った。「援助はありがたい。が、自立精神を傷つける危険をはらむ。我が国の開発戦略は、援助からの速やかな卒業を一つの目標としている。このこと、新副総裁として心してもらいたい」。そして皆、口をそろえて、卒業予測年度まで堂々と言い放った。我が意を得たりと感動し、就任後初の現地訪問は大国インドをさしおいてブータンからと約束した。

それもあってか、一九九七年秋、パロ国際空港に降り立った瞬間、重量感のあるオーラを意識する。人のカリスマは直感できるが、国にそれを感じるのは不思議と、びっくりしたのを思い出す。大臣、役人、県知事、村長、民間経営者らはもとより、農民、僧侶、教師、医師、果ては小学生まで、毎日出会う「リーダーシップ理想像」に、驚き続けた。そして彼らの筆頭、理想像たちの理想像が、「雷龍王」だと知った。

世銀の株主は加盟国の国民で、途上国株主の過半数は声なき貧民。政治的に無視されがちな彼ら

「株主」の声を汲み取るのが仕事、権力者との喧嘩が役目、と肝に銘じていた。ゆえに、大問題がない限り国家元首との会談は求めない。だから、到着早々「雷龍王が謁見《えっけん》を賜る」と聞いて「残念、まだ喧嘩の種がない」と笑い、世銀史上初めてだと諭されて「日本女性の特権」とまた笑って、大蔵大臣を困らせた。権力者には驕《おご》りがつきものだから、種は謁見中に見つかるはずと密かに高をくくっていた。見当違いもいいところだった。

首都ティンプーの北部、街並みが田畑に移り変わる辺りの川沿いに、タシチョゾン（栄光ある教えの砦）がたたずむ。末広に地を踏む四方櫓《やぐら》風の白い砦はヒマラヤの如く巨大なのに、ベンガラの屋根に金の宝輪の線が軽く優雅で、城はまるで羽ばたく鳳凰のように見える。白壁に並ぶ木組みの窓がなぜか懐かしい。陽当たりのいい中庭には薔薇が咲きあふれ、秋風が薫る。回廊の壁には、国中から集めた草木や石土の色で描かれた吉祥紋[2]や仏画が躍る。この麗城に、国王の就務室と主だった役所が、ブータン仏教の総本山と聖俗同居する。

迎えてくれた国王の手が凍るように冷たかった。海抜二四〇〇メートルの謁見室をぐるりと見回して、片隅の窓際にできた小さな日だまりへ「ここが暖かい」と導く国王。貧しい民を想って丸太小屋に住み、暖をとれない人々を案じて真冬も火の気なしの生活、と半信半疑に聞いたことをふと思い出した。

「人の世に不変なものは変化のみ」と前置きして、国王は政治改革の話題を選んだ。君主制度は、もう国民のためにならない。国の将来は民の選択に託すべきだ。問題は、民主主義の可否ではな

小学生の問いにふと考え込むジグミ・シンゲ・ワンチュク雷龍王４世（写真提供：ブータン王室）

く、具体的にどういう民主主義の形を選ぶかだ。各国の経験から長所をとり入れ、短所を学び、我が国の歴史と文化に適した民主主義をつくりあげねばならない。世界各国の憲法は手に入るものは全部読んだ、日本の憲法も英訳を読んだ、と国王は私を驚かせた。

改革は世の常、逆らえるものではない。積極的に先取りするほうが賢いのに、国民は今のままでいいと反対する。国王になりたくてなったのではない。偶然この命に生まれただけ。自分がもし悪王だったら、我が民はどうするのかと、まるで堰《せき》が切れたように話し続ける雷龍王に、計り知れなく深く厳しい、指導者の孤独を感じた。

一瞬、国王の孤独が自分の小さなそれと重なって、私の堰もぷつりと切れた。世銀職員の意識改革をねらい、反対を押し切って始めた

「文革」[3]の九カ月間、誰にも言えなかった戸惑いや悩みが言葉になって、こぼれ出ていく。確信と疑惑、希望と恐れ、喜びと悲しみ、成功が生む過ち、誤りが恵む成功、そして夢まで襲うどうしようもない孤独。国家の改革とは比べものにならないと謝っては語り、語っては謝った。

肩の荷がふと軽くなるような、気持ちのいい会話が続いた。政治のことは不勉強だけれど、悪者が国王になる確率が五割では、ブータンのリスクが高すぎると言ったら、国王はまるで我が意を得たかのように高々と笑った。心配無用、世銀からの借金は、約束を必ず守る我が民が最後の一銭までしっかり返済すると、さも楽しそうに笑った。

謁見はこちらから退くのが礼儀と念を押されていた。時間切れの合図に入る側近を制し続ける国王に「秘書官の泣き顔をご覧あそばせ」と、苦笑いを誘って終了。でも本当は、礼儀を欠いても延々と話し込みたかった。

昭和天皇に会った人々は、人柄に打たれ感動したと口をそろえて言うが、わかる。マッカーサー将軍が、自分の一身はどうなっても構わない、ただ国民を救ってやってほしい、と言う天皇に「雷に打たれたような」衝撃を受けた、とどこかで読んだ覚えがある。それもわかる。ちなみに、平和と国民の幸福を祈り象徴に徹した昭和天皇を、雷龍王は心から尊敬していた。崩御のときの悲しみは、まるで父を亡くしたようだったと聞く。

たいそうお喜びだったとフィードバックする大蔵大臣に「雷龍王の雷に打たれ、魂が洗われ、勇気のお土産まで賜った」と報告。だまって深くうなずいた大臣の目に、なぜか涙が光っていた。

翌年。国中に轟き渡る雷龍王の雷が、人々を驚かせた。国王は、国家元首の役目を新内閣議長（首相）に譲り、国家安全保障責任以外の行政権限を内閣に委譲。信任投票による国王弾劾法案を国会に提出した。ブータン政治改革の歯車が動き出した。

2　賢君の悲しみ

どの国も、政治の歴史は改革の歴史。ブータンも例外ではないが、ただ先取りがうまい。我が国のように痛みがひどくなるまで改革を怠り、治療はさらに痛いからと妥協、「癌に絆創膏《ばんそうこう》」のようなことはしない。

ブータンに関する学術書は分野に限らず少ないけれど、レオ・E・ローズ、カリフォルニア大学名誉教授著『ブータンの政治』（山本真弓監訳、乾有恒訳、明石書店、二〇〇一年）が光る。英語の原本（コーネル大学出版、一九七七年）も読んだが、優れた監訳者解説が付いた和訳の方が好きだ。特に、国際的注目を浴びながらも誤解され続ける、ネパール系ブータン人難民問題の原因と背景を知るには、必読の本。

その著にこうある。「ひとりの絶対的支配者が自らの権力に対する重大で明らかな挑戦もないのに、結局は君主制の政治形態そのものの性質を変えてしまうかもしれないような基本的な構造改革を自らの発案で導入したのは、君主制の歴史のなかでは前例のないことであろう」（前掲書二〇一頁）。

先述の雷龍王四世のことではない。ジグメ・ドルジ・ワンチュク雷龍王三世（在位一九五二～七二年）、すなわち四世の父君のこと。享年四十四歳、心臓病に倒れた。化膿した背中のおできにカルカッタの医者が処方した抗生物質が、化学薬品を知らない国王の健康を害したのがそもそもの原因と聞く。近代ブータン建国の父と敬われ、驚異的な先見の明ある賢君だった。惜しい早世を想うたび、やりきれない怒りさえ覚える。

先代国王に惹かれたのは世銀に入りたてのころだから、もうふた昔半になる。開発経済学を専門分野としなかった私は、いろいろ読み漁っていた。土地改革と貧困解消の関係を勉強していたら、ブータンが出てきた。ある改革史の小さな脚注に、国家元首が自発的に行った史上無比の土地改革・農奴解放とあったと思う。誰だろうと驚いて調べ回り、雷龍王三世の名を知った。土地改革など朝飯前の君主だった。

外交政策では、長かった鎖国を解き、国連をはじめ各種国際機関に加盟。大英帝国時代からのインド「保護領」的な外交情勢を正していった。ネルー首相が国王の人格にとことんほれ込んだからこそ成せた、と伝わる。

内政では、国民教育に力を注いだ。我が国に良い学校ができあがるまで待てないと、インド北部にある名高いパブリック・スクール数校へ、官費留学生を次々と送り込んだ。全国各村から家柄

晩年のジグミ・ドルジ・ワンチュク雷龍王３世。皇太子時代の雷龍王４世（右）と手をつないで
（写真提供：ブータン王室）

など関係なしに才気ある子を厳選、僧院教育ならともかく近代教育を嫌う親たちには勅命、という熱意だった。車道など皆無の時代、南部熱帯ジャングルに潜むマラリアや猛獣を避け、チベット経由で隣国シッキムを南下、北インドまでは片道二〜三週間の険しい山路だった。選ばれた子たちは年に二度、幼い肩に荷を担ぎ野宿しいしい通った。今日までブータンを動かしてきた各界指導者層は、その子たちで成る。

国王の先見の明がより強く現れたのは、政治改革だった。

ブータンの君主制は百年足らずの歴史だが、国家として統一されたのは江戸時代初期、宗教政治の内紛でチベットから亡命してきた活仏ガワン・ナムゲルの支配にさかのぼる。しかし、彼の化身が相続する神政政治は僧院・豪族派閥間の覇権争いを呼び、内政不安定な時代が二世紀半続いた。侵入されては戦火を交わしていたチベットに中国の影響力が拡大したのを警戒し、大英帝国の北インド浸透も手伝って、十八世紀中頃から鎖国政策を採った。

そして一九〇七年、当時の聖俗指導者たちは世襲君主制を故意に選択した。そこに至るまでの国内・対外政治背景から推して、動機は神政政治がはらむ内乱リスクに終止符を打つことと、大英インド帝国に吸収されるリスクを管理することの二つだったらしい。

この改革のリーダーが「国の臍《へそ》」トロンサ一帯を治めていたウゲン・ワンチュク卿。ロシア帝国のアジア進出を警戒する英国と、植民地化を恐れるチベット間の平和貿易条約の交渉を仲介して調印（一九〇五年）に導き、大英帝国爵位を受けた人。彼が多数決で雷龍王一世（在位一九〇七〜二六年）

に選ばれたとの報せに、英国は喜んだ。露・中牽制の緩衝地帯となるヒマラヤ要塞に、孤立主義を採るとはいえ統一された国の存在は好ましい。その上、ウゲン卿を知る大英インド帝国高官や軍人は「国家泰平を何事よりも重要視する人格者」と、高く評価していた。

世襲君主を正当化する中央集権制度は、管理能力に秀でたジグミ・ワンチュク雷龍王二世（在位一九二六～五二年）によって完成される。国家に平和、民には豊作と、安泰の時代だった。しかし、時の皇太子は百年先を見つめていた。世襲君主制度が、時と場合によっては平和を脅かす可能性を予知していたのだ。

雷龍王三世として玉座に就くなり、政治改革に着手した。動機は国王の言葉にはっきりしている。「国家の安定と団結を確かなものにするために、君主制と民主制を組み合わせた政府を作りたい（中略）。現時点では、外部勢力の侵略にも晒されていないし、混乱を巻き起こす好ましからぬ分子もいないので、とりあえず平和であるが、我が国が強大な二つの隣国に挟まれている以上、将来、主権が脅かされるということもあり得る。したがって、今や平和と平穏を将来にわたり維持するために、安定した政府の形成を考えるときである」（前掲書一九九頁）

まさに、隣のシッキム王国がたどる道（民主化活動が動乱化、七五年シッキム緊急国会の要請を、中国を警戒したインド国会が受け、インドの一州となる）や、内乱が激化し政治家も王室も民の信頼を失ってしまったネパール王国の行く末（二九頁参照）を見通していた。

一九五三年、王位に就いた翌年に国会を設立。国王の絶対拒否権を残しながらも、立法府としての経験学習を積みあげること十五年。六八年には国王拒否権を全面放棄し、国会決議を最終決議と改正した。

同年、国会の不信任投票による国王弾劾法を、自らの動議で提案する。保守的な国会が、いやいや通した弾劾法だった。しかし七三年、四世が玉座に就いた直後、国会は亡き国王の意を汲まぬまま廃法を決議してしまう。その改革の歯車がふたたび回りはじめるまで、さらに二十五年の歳月がかかった。

世界中で最も会いたいリーダーは誰か、とよく聞かれる。躊躇《ちゅうちょ》せず雷龍王三世の名を挙げる。とことんほれたが、筆頭理由は賢君の先見の明ではない。

晩年の雷龍王三世が国会を叱った言葉が残る。

「わたしの行為を批判せず、わたしの誤りに対して盲目になっている」（前掲書二一〇頁）

この人の下で働きたい、真正面から意見して、心ゆくまで喧嘩したい、と夢みる。

先代国王は知っていた。民の敬愛が深ければ深いほど拡大する「盲従」という名の落とし穴を。民のための改革に心身を捧げた指導者。その人の晩年の悲しみが、とくとくと伝わってくる。

雷龍王四世が名付けた「国民総幸福量」という改革。その源は父君のこの悲しみに在る、と読む。

3　意識改革

「すべて国民は、個人として尊重される。生命、自由及び幸福追求に対する国民の権利については、公共の福祉に反しない限り、立法その他の国政の上で、最大の尊重を必要とする」。日本国憲法、第三章、第十三条。

雷龍の国を知ってから、我が国政府は本気で憲法を守っているのだろうか、と疑うようになった。「国政は、国民総幸福量の成果ある追求を可能とする環境を奨励すべし」。雷龍国憲法草稿、第九章、第二条。

ブータン史上初の外紙インタビューの際、ふと思いついて、国民総生産量より「国民総幸福量」の方が大切だと語呂合わせをしたら定着してしまった、と雷龍王四世は笑う。その笑いに、在位三十余年間、民の幸せを追求し続けてきたリーダーの信念が、頑と響く。

国民総幸福量。その心は、国家安泰につながる民主主義。雷龍の国の「カリスマ」リーダーたちからそう教わった。

父君の早世に、玉座の重責を肩にした国王は十六歳。何ひとつ手をとって教えるでもなし、自分の五体六感で考えろと、故意に突き放す父君だった。

国王は、先代を悲しませた民の盲従という壁を考えた。善き民主制はダンスという芸術に似る。

指導者と民のダンス。ひとつの音楽をひとつと聴ける、ビジョンと価値観の共有。リードする人とリーダーをいだく人との信頼が創りあげる自然体。指導者と民が嬉々として共に踊れる基礎。その基礎を固め維持する経過抜きでの政治改革は、国家安泰につながらない。そう考えた。

改革の原点に戻ろうと、国王は旅に出た。一人でも多く民の心を聴こうと、国中を歩き回った。国家安泰の根源を見つめつつ、村から村へと訪れた。そうして百年先の平和な国の姿を展望するとき、行き着くところはいつも同じ、民一人ひとりの幸せだった。

国民の幸福イコール国家安泰、すなわち平和安全保障戦略の髄。世界第一と第二の人口を誇る大国に挟まれた小国が生き延びるための戦略は、国民がこの国に生まれて本当に幸せだと誇りをもって言える国づくりだ。民が幸福を追求できるよう、公の障壁を取り除く。幸せの可能性を高めることを中心に国を治める。小国に相応しい武力抜きの戦略を、国王は真剣勝負だと考えた。

国民の幸せを口先だけの意とする国政と、成すことすべての焦点として本腰をいれる国政は、政策の選択が異なる。見かけ形は同じでも、民が肌で感じる思いやりが行政の質を根本的に変える。ゆえに戦術は、国政に携わる人々を筆頭に国民の mindset（心的態度）を変える意識改革。国王はそれをねらった。

主な武器は政府高官の人選と中心的人材の育成、そして頻繁な巡幸だった。それはまた、民と指導者の信頼関係に基づく「自然体を創る会話」への努力でもあった。

まず指導者から民を信じなければ信頼関係は生まれないと、政治改革は地方分権化から着手した。

世銀退職の報告に羨ましそうな雷龍王４世（中央）。首都タシチョゾン城謁見室で、夫のピーター・ウィッカム氏（右）と

地方自治組織として各県発展委員会（現在二十県）を設立したのは一九八一年。その経験学習十年を経て、各村発展委員会（現在二百一村）も九一年に設立された。

二〇〇二年に始まった第九次五カ年計画は国民総幸福量を最もよく表している。中央集権型ではなく、ビジョンと価値観から戦略と個々の開発事業まで、草の根の合意を集約した計画だからだ。地方分権化の大きな収穫であった。

三年前、町までゴザを売りに行く農夫に出会い、山路を半日共にした。村の開発計画と国民総幸福量の関連を噛み砕くように教えてくれた。国王の考えだからではない、と念を押して彼は言った。

「電気や道路、ほしい物はきりがないが、利己主義はいけない。国の財源には限度がある。物が足りなくても我らには幸せがある。村人が力を合わせて、皆の幸せを守ることが一番大切なのだ」
別れ路で「先生ありがとう」と手を振り続ける私の背に、同行のブータン人たちの会話が流れた。あの人は例外ではないぞ。ああ、代表的な村人だ。陛下は凄いな。うん、よくあれまで意識改革を成されたものだ。

国王が手がけた意識改革は、今日欧米経営学界の最先端にある、企業組織の「文化改革」と同質だと考える。組織すなわち人の集団。その文化が、企業の生死を左右する。ビジョンと価値観の上下共有を重要視し、開放的な意思疎通が必要と説く。ビジネス・スクールの教材にさまざまな例を見るが、金融界はガバナンス問題で企業文化や倫理観無視では潰れると学んだ。リスク管理・内部統制・会計監査の枠組みにも応用される。世界銀行でも文革に励んだ。

しかし、指導者の個人色に染まると持続性を欠く。だから私が定年を待たずに引退すると報告したとき、さもうらやましそうな国王の顔にハッと胸を衝かれた。

一九九八年、国王動議で弾劾法案を受けた国会は大議論となった。質疑応答で、国王のリーダーシップを讃え反対する議員には「確率は半々、悪王だったらどうする」。皇太子も立派だから心配ないとの反論に「親として礼を言うが、皇太子のよしあしも確率五割、国運を担うリスク管理ではない」。議事報告を聞きながら、初謁見の会話を思い出して笑ってしまった。反対派と賛成派の喧々囂々《けんけんごうごう》たる議論に、あれほどうれしそうな国王を見たのは初めてだ、と首相が教えてくれた。盲従の壁が崩れはじめたと感じる国会だったからだろう。いよいよ、長年の政治改革を集約し、次の段階へと飛躍する時がきた。

〇一年秋、最高裁長官を議長とする憲法起草委員会が発足。「何も指示しないから楽」とうれしそうだった国王だが、初草稿は「国王のために書くな、民のために書け」と落雷、突っ返した。〇五年の春、草稿の全国配布に至り、国民は皆、各県で開かれる国王との批評会に備えて勉強を始めた。立憲君主・二政党民主制の草稿内容は予知していた国民だが、国王定年制度（六十五歳）には驚き、大議論が展開された。

草稿の最終閣議に臨んだ国王の言葉が、ブータンのクエンセル新聞（二〇〇五年三月二十三日）に載っていた。「今日、国王、政府、国民は史上無比の信頼度と誠実な関係を享受された。（中略）憲法制定に吉兆の時だ。政治的圧力や利害関係のもたらす緊急事態中に憲法起草をせねばならなかった他の国々と異なり、幸いにもブータンには、何らかの圧力も強制もなく、空前の平和と、国王と政府と国民の間の調和と忠誠が成す安定の時に変化が訪れた」。

先代国王の声が聞こえてくる。息子よ、よくやった、おめでとう、と。

国王を三歳のころから知る、故インデイラ・ガンジー印首相は wisdom of centuries を持つ人と評価していた。ネルー、ガンジー父娘そろってブータンとは大国のように接し、その敬意はインド政府の姿勢として今日まで至る。

チベット自治区五百キロの国境画定交渉に臨む中国にも、近年ブータンを大国扱いする姿勢が窺える。王毅外交部副部長は〇四年ブータンを訪問した際、国王の「英知」に触れ、国民総幸福量は「中国も含めて」世界各国に認められるべき「科学的な概念」と言及した。

国家の大小は金や人口では決まらない。病む地球と世界規模化はブータンの指導者の力量をも試しはじめた。雷龍の国がこの荒波を乗り切ったとき、我が国はいずこに、と憂う。

1◆ブータンの現地語での国名 Druk Yul は「雷龍（Thunder Dragon）の国」の意味。ブータン国旗には雷龍が描かれている。
2◆吉祥紋：八宝ともよばれ、仏教で縁起がよいとされる図柄。蓮華、法輪、金魚などが描かれる。
3◆八七頁参照。また、著者が世銀で推進した改革はピーター・センゲ教授の著書 *The Fifth Discipline: The Art & Practice of the Learning Organization* (Doubleday, 2006) などで組織改革の優良事例として紹介されている。

悲しい……［パキスタン、スリランカ］

二〇〇五年十月八日未明、パキスタン北部を襲った大地震[1]のニュースに慌てた。震源地が、先述（三七頁）したカシミールのアマ（母）の在所に近い。世話になったNGOを介して安否を尋ねてはいるが、いまだに消息不明のまま。

土塀の民家が急斜面にしがみついているあの村の人々は、水不足なのに雨を恐れていた。アマは、地滑りを防ぐためよと、猫の額ほどの段々畑にめぐらしたさまざまな工夫を教えてくれた。それも空しく、すべてが谷底に崩れ落ちてしまったのか。

地図になど載ってもいない人里離れた集落が、日照時間の長い山肌を求めて点々と散らばるカシミール山岳地帯。アマの村にも、名も道もない。そこに住む人々にとっても命綱の国道が、ズタズタに切れた。平常時でさえ、大雨や雪で交通止めとなる危険な道だった。パキスタン軍の必死の努力で数日後に開通したものの、地滑りが続く。一方、ヘリコプターの空路も、霧や冬山の天候に刻々と左右される。山はもう初雪のはず。救済の手がカシミール全体にいき渡るのは、いつになるのだろう。

アマはメッカに向かって日に五回、夜明け、正午、午後、日没、夜半と、印パの和平を祈り続けていた。夫と息子を奪った戦争は男衆のゲーム、敵を憎めば平和が遠ざかる、我ら女がその日のために村づくりをせねばと、自立心旺盛な人だ。命拾いをしていれば大丈夫と自分に言い聞かせても、心配だ。カシミールの山々に平和が来たら、インドまで一緒に歩こうと固く約束したとき、やっとこの命にも楽しみができたと喜んだアマ。その日はもうそう遠くはないはずなのに。

もう一人、安否を気遣うアマがいる。声なき貧民の視点から、開発のニーズと援助の実態を肌と体で見極めるために、離村寒村でのホームステイは南アジア各国でさせてもらった。だから、アマと呼ぶ人は幾人もいるが、スリランカのアマの消息が途絶えている。

初めてのホームステイ、初めてのアマだった。スリランカ南東部の海辺の村で細々と畑を耕し、家畜を飼育し、苦労して息子五人を立派に育て上げた。長男は僧籍だから、次男の嫁に来いと言い出し、もう結婚していると断ったら、離婚すればいいと笑った。

摂取カロリーの少なさに、いくら食べても腹を空かしていた私にとって、農作業の間のおやつの味は忘れられない。蒸したさつま芋に薬草と赤唐辛子とヤシの果肉を混ぜた、アマのお得意料理。旨いおいしいとほお張る私に、いつも目を細めていた。

台所と、食堂兼居間兼寝室の一間の小さな家は、うだるような灼熱の外気が嘘のように、不思議と涼しかった。西日を避け、潮風に向けて窓穴がある。壁はやや斜めに内側に傾いているから、家全体が通風筒になる。そのうえ土壁の水分が蒸発して自然に冷房が効く。だから電気などいらないと、アマはいばった。虫がいなくて、清潔で、居心地が良かった。わらぶき屋根に染みるいろりの煙は防虫剤、土壁の粘土に混ぜた牛の糞は蚊よけ、雑草のように咲くサフランを土間に塗るのは消毒と、豊富な知識を授けてくれた。

政府が長年、貧民救援のためと膨大な補助金を出し、財政立て直しの邪魔をしてきた安い小麦粉は「米よりパンを好む金持ちのためよ、調べてごらん」と教えてくれたのも彼女だった。そのとおりの調査結果にアマの言葉を添えて提言したら、クマラトンガ大統領は、気付かなかった、恥ずかしい、ミエコのアマに礼を言うと、即時補助金廃止を決断した。その報告に「チャンドリカ（大統領）に、草の根を忘れてはいけない、いつでも私の家に泊めてあげるから、と言ってあげなさい」と、淡々としたアマだった。

彼女も、カシミールのアマのように母国の平和を願い、仏に祈り続けた。その甲斐もなく、息子たちは、タミル過激派の戦火に次々と倒れていった。それでも歯をくいしばって涙ひとつ見せぬ、強い、自立精神旺盛な人だった。

別れの日、いつでも戻っておいでと、泣きじゃくる私の背をそっと押し出してくれた。戻りたいと思っても、もう戻る在所はない。アマの村は、南アジアを襲った大津波にのまれてしまった。

あの悲劇から、もう四年が経とうとしている。クマラトンガ大統領の指導力の見せどころだと、迅速な対応を期待した。大まちがいだった。

生死の知れぬ人々の消息はもとより、生き延びた民への救済活動さえも、お世辞にも滑らかとは言えなかった。数多くの復興事業にも、遅れが目立ったと聞く。

自分が緊急事態に指揮をとった経験を顧みていたら、無駄な期待などはしなかったはず。緊急時には、指導者が軍最高司令官のごとく戦略を練り、指揮せねばならない。傘下組織の人間が一心一体となって走らねばならない。日ごろのしがらみ、縄張り争い、憎しみなどはすべて忘れて、皆のため、未来のために力を合わせようと鼓舞し、人の心を大きく動かすのがリーダーの重責だ。でもそれは、まるで命を削るような任務、容易なことではない。

タミル民族過激派とシンハラ民族過激派がスリランカを割る。民族対立に、仏教とヒンズー教とイスラム教までもが重なって、宗教が政治化している。根強い共産主義や社会主義のイデオロギーも、宗教と絡み合う。同じ国の民が憎しみ殺し合う。政治家と政府官僚はもとより、国民そのものがばらばらなスリランカを「一心一体」と成すのは、人間業を超える。いくら有能なリーダーでも無理だろう。

津波の悲劇を糧として和平を、タミル民族独立戦争に終止符を、と望んだ人々の良心は踏みにじられたまま、救済・復興援助は支配権力争いに化けた。タミル過激派と政府との、金と力の奪い合いが醜い。悲しい。

地震、台風、大洪水や干ばつと、南アジアは自然災害の多い地域だった。災害からの立ち直りを助ける援助活動には心労が多い。緊急時の活動は目立つ。顔が見える。金が集まる。名声や昇進欲をくすぐる。公私共々、援助機関の悪質な競争を誘う。緊急事態を口実に草の根を無視し、民の意を汲まない活動が許されやすい。被害国の人々がするべきことにまで、援助機関の人間が立ち入りたがる。救済・復興どころか、被害者やお互いの足を引っぱる結果になりかねない。

緊急時に醜態をさらす公私援助機関は多すぎる。普段から、ビジョンと価値観と倫理がしっかり浸透した組織として動いていないから。これもまた、リーダーシップの重い責任と考える。

さすが将軍、ムシャラフ大統領の指導力には超人的な凄さがある。その彼にさえ、大震災被害者の迅速滑らかな救済は、あえて期待しなかった。この災害を機としてカシミール問題解決へ大きな一歩をという印パ国民の声を聞いたが、それも期待しなかった。大統領は、大地震を"test of the nation"（国家の試練）と呼んだ。ムシャラフ政権自体の大試練ともなった。

私のアマたちは、災害で最も大きな打撃を受けるのは貧民だと教えてくれた。そして一難去ったとき、また忘れられてしまうのだという悲しみも。私はただ、パキスタン国民が一心一体となり、全力尽くして救済・復興に向かうことを祈った。

1◆大地震：マグニチュード七・六。死者九万人超。

売春婦「ナディア」の教え
［バングラデシュ、インド］

十二月一日は世界エイズデー。毎年この日には出張し、ＨＩＶ／エイズ問題にそっぽを向く国家首脳連に説教し歩いたものだった。エイズは単なる病気ではない、経済や国体の維持までをも脅かす貴国のリスクなのです、と。

エイズは社会の最適生産年齢にある青壮年層を襲うから、国家経済の生産性を構造的に脅かす。また、人の抵抗力を直撃するので、負担医療費はエイズのみにとどまらない。まん延状態に至らなくても、国家財政そのものに大影響を及ぼす。すでにアフリカの数カ国は、国家経済そのものが溶けはじめている。

感染経路は、輸血や血清薬品の安全性はもとより、麻薬、売春、性生活と、個人の品行、習性、私生活のふるまいに深く関わる。人と人との深いつながりと信頼関係を腐食し、家庭までをも破壊しうる。人間の幸せの根を揺さぶり、放っておけば国家社会安泰の基礎までをも犯す。

手遅れにならないうちに貴国のエイズ管理対策をと、いくら説いても、馬の耳に念仏ばかりだった。エイズのようにタブー的な社会問題の対策は、まずトップリーダーが動かずには始まらない。なのに、頭でわかってくれてもハートにつながらないから、行動に出てくれない。動いてくれてもたまの演説くらいで、長続きしないし、実になることをしてくれない。政治家は皆近眼だと、いいかげん頭にきていた。

そんなとき、ある売春婦のグループに会ってくれと、バングラデシュ担当の部下に頼まれた。国民意識を高めるために、報道界にエイズ問題を真剣に考えてもらいたい。有能で信頼できる新聞記者数人をまず釣りたい。餌になってくれと頭を下げられた。もちろん喜んで、オフレコなしの取材許可とした。

首都ダッカの下町、貧民街の一角に、売春婦の休憩所がある。早朝、路地奥から湧き出るように集まってくる売春婦たちに、あるカリスマを感じて驚いた。彼女らは、ナディアという名のリーダーに率いられて共済組合を運営していた。明るい顔に目がきらきらと輝く美しい人たちだった。水浴、食事、洗濯や、老いた仲間や子供の世話をすませ、健康診断、共済預金や会費の集金、読み書き、護身術、職業訓練と、休む暇もない。想像を絶する苦境におかれた彼女たちの、その強さとやさしさに、同行の記者たちと共に泣いた。

一息ついたナディアが「世界銀行のシスター」にエイズのことを教えようと、みんなと輪になって床に座った。「エイズと予防法に無知では身の破滅を招きますよ」と、噛み砕くように教えてくれる。コンドームの使い方まで手とり足とりのていねいさに赤面すると笑い、女性用コンドームなど見たこともない我らを叱ってくれた。

シェイク・ハシナ首相（左）に、前日会ったナディアの活躍を報告。この写真が撮られた直後、首相の顔色が変わった

帰り道、自動車と人力車が芋を洗う渋滞を車窓からぼんやり見ていたら、ナディアが手を強く握って言った別れ言葉が脳裏をよぎった。「シスター、知識は良い人生を築く力だということ、忘れてはいけませんよ」。その途端、バングラデシュが自動車事故世界一の国だという事実を思い出した。

背筋に冷たいものが走った。もしも今、交通事故にあったらどうなる。ダッカで入院させられたらどうなる。汚れた針で注射されるかもしれない。ＨＩＶに感染した輸血を受けるかもしれない。

心臓がコトリと鳴った。エイズは彼女たち売春婦も私も差別しない、と肌に感じた。その瞬間、ハッと気づいた。自分の頭とハートが、今の今までつながっていなかったのだ。エイズを自分自身の危機としてとらえていなかった。首脳連への説得力に欠けたのは当たり前だ。「姉御」ナディアよ、ありがとうと、心の手を合わせてまた泣いた。

翌日、シェイク・ハシナ首相と会見の日、朝刊の一面トップに「世界銀行副総裁、売春婦からエイズ講義を受ける」と写真入りで載った。コンドームをかぶった木製の男根を囲んで、ナディアと彼女の仲間と「世銀のシスター」が、楽しそうに笑っていた。

国会議事堂の首相控室に着席するなり「今朝の新聞、読んだわよ」と微笑む首相。待ってましたとばかり、姉御ナディアの共済組合の活躍を話した。そして、ナディアのおかげで得た帰路の車中の体験を語った。バングラデシュで輸血される血液の九割は、ＨＩＶの検査がされていない事実も付け加えた。ご用心、感染リスクは首相でさえ同じですから、とくくったら、彼女の顔色が変わった。サリーからのぞく首相の腕に、鳥肌が立っていた。

翌年の世界エイズデー。バングラデシュは、大々的なエイズ知識の普及運動を開始した。ハシナ首相自らの先導は言うまでもない。いばらの道、先は長い。しかし、人口一億四千万人の国がようやく動き出した。

代わってお隣インドでは、一九八六年、世界がエイズに無関心のころ、すでに対策を開始していた。当時の厚生省次官と数人のリーダーが、インド初の感染者発見に危機感をもったためと聞く。即時エイズ対策委員会を設立、翌年には国家エイズ管理機関を立ち上げた。感染率は低いが大国インドのこと、ＨＩＶ人口は今日世界第三位。二十年前、先見の明ある指導者らが動かなかったらインドは今どうなっていただろう。想像するだけでゾッとする。

九九年世界エイズデーの前夜、私は、インド南部タミルナド州の首都チェンナイ（旧名マドラス）郊外、国道五号線の脇で棒立ちになっていた。南はインド大陸の先端から、北はバングラデシュ、ブータン、ネパール、パキスタン、果てはアフガニスタンまでつながるハイウェーは、一日七千台のトラックで、ごう音をたてて流れる川のようだった。一台平均三人の男が乗り込むから、ここだけで毎日二万人以上が国道沿いに春をひさぐ女たちに誘われる。この膨大なエイズリスクを管理するなど人間技ではない、と唖然とした。

しかし、それを人間技とするNGOの一団がいた。全員がHIVに感染した元運転手や売春婦たち。「赤い丘」と呼ばれる休憩所にたむろする運転手や売春婦を集めては、エイズ教育をし、安全なセックスの紙芝居を見せ、カウンセリングをしていた。裸電球に黄色く染まったテントのなかは和やかで、笑い声が絶えなかった。「初めは昔の仲間に殴られ、唾《つば》をかけられたけれど、母国が危ないと励まし合った」と言う。

彼らのリーダーシップと粘り強い努力は、政府の援助を受けるまでに成長し、多くの人々を励まし奮起させた。全インド・トラック運転手組合は、我らの団結力を国のためにと運動に参加。組合員のトラックは「ハイウェーで予防」と書かれた丸い大きなシールを貼って、行き会う組合員と警笛を鳴らし合う。あるコンドーム製造会社も、国のためにも商売のためにもなると協力。活動の資金援助と共に、暗いイメージを一転するマーケティング戦略を実施、何万といる小売業者教育に乗り出した。

リーダーシップの輪は輪を呼び、多くの人を鼓舞し続けている。そして数年前、タミルナド州のＨＩＶ感染上昇率が減速の傾向を示しはじめた。

日本のＨＩＶ感染人口は二万人に足らぬと推定される。しかし、十代二十代の若者に広がりつつあり、感染者の急増が危惧されている。安堵は禁物。エイズは国境を知らない。

改革という名の戦争［パキスタン］

1 開戦

確かに一九八九年、新春の出来事だったと覚える。もうとっくに「時効」なのだから、思い切って話そう。

イスラマバードの深夜、電話にたたき起こされた。そのころ、トルコやパキスタンなど数カ国の金融部門融資部長に着任したばかりで、パキスタン銀行界の現状を調べていた。その調査チームの大物コンサルタント、C氏からだった。「ロビーからかけている」と小声で、その後が続かない。礼儀正しい英風パキスタン紳士の、真夜中近くの非常識。ピンときた。「そのまま待って」と、ホテルの部屋を飛び出した。

一瞬、人違いかと我が目を疑った。人っ子一人いないロビーの薄暗い片隅に、C氏がいた。長椅子に、濡れた雑巾のようにうずくまっていた。この国では希有の「本物」銀行家で、一時は中央銀行の要職も務めた彼。その人のいつもの立派な押し出しが、かき消えていた。駆け寄った私を見上げる目は脅え、差し出す手が震えていた。「ヘルプ・ミー（助けてくれ）」。あのときの彼の声は、いまだに耳の奥に残る。

寝ぼけ眼のコンシェルジュを叱って用意させたお茶に、落ち着きを取り戻したC氏は、首相官邸からここへ直行したと話しはじめた。「とうとうミスター一〇%に呼び出されたのね。それともマダムのほうかしら」の問いに「あいつらは、金もうけには一心同体だ」。ベナジール・ブットー首相夫妻のことだった。夫のアシフ・アリ・ザダリは、海外直接投資など大型案件に一割の袖の下を要求することから、ミスター一〇%のあだ名がついた。

「あなたの財産の一〇%など、雀の涙にもならないでしょう」。高利貸しを悪とするイスラムの教えのもと、銀行家がもうけ過ぎてはいけないと質素な生活に徹する人だ。が、笑わせようと思って言ったことをすぐ後悔した。「いや、一番大切な財産をねらわれた」。ミスター一〇%が、偽のプロジェクトへ多額の融資を要求した。世界銀行の調査から手を引けとも言った。もちろんきっぱり断ったが、自分の命どころか、妻と娘の「身の安全」も保証できないと言い渡された。C氏の顔に青い怒りが走り、大粒の悔し涙がツツーッと落ちた。


良妻賢母の模範のような夫人と、結婚をひかえたお嬢さんの美しい顔が目前に浮かんだ。権力者の悪を、生まれて初めて肌で知った。抑えきれないものが、腹の底から爆発した。「卑怯者めが」と怒り立つ私を、今度は彼が慰める番になってしまった。

C氏の表情に、いつものカリスマがゆっくりよみがえってきた。「自分の命は神のもの。腐り切った銀行界の改革を断念したら、アラーに見せる顔がない。妻と娘のことは心配無用。英国の親類に預ける」。ただ、下手に動くと「ミエコさえ危ない」と心配する彼に「私だって仏に見せる顔がない」と笑った。

よし、開戦だ。改革の長期戦略を立てよう。政治作戦を練ろう。パキスタン駐在員もたたき起こして三人頭を寄せ合って、まるで軍事会議の様だった。白々と夜が明けるまで続いたあのときの興奮と情熱は、いつになっても忘れられない。

さっそく翌日、短期作戦を開始。いろいろな経路を通じて、首相官邸へ警告を発信した。世界銀行コンサルタントへの脅迫は、すなわち責任者である自分への脅迫と受ける。本気なら、こちらにも覚悟がある。手始めに、総額五億ドルのパキスタン金融部門融資五カ年計画を全面停止とする旨、ただ今考慮中。

事実なのかは知らないが、時代遅れのイスラマバード電話回線が、その日一時パンク状態となったと聞いた。そうして予想通り、さも慌てたように来た首相との会談要請は、蹴った。

その代わり、すでに悪事の証拠を握っていたある大臣に会見を申し込む。国営銀行へのさまざまな政治介入、膨大な不正融資の仲介、大臣個人と一族の巨額な債務不履行など、一件、一件、把握した数字を連ねながら指摘した。パキスタン銀行法違反になるのはもちろん、昔の世界銀行融資を返済中の国営銀行だから、貴国と当行の契約すなわち国際条約違反でもある、と言い渡した。

役所に女性用のお手洗いなどなかった時代で、この大臣専用の部屋を時々拝借していた。だから、私が一人で会いに来ると聞いて、お礼の表敬訪問とでも思っていたのだろう。虚を突かれ、たじたじとなった大臣が、下手な言い訳を述べはじめたのには驚いた。喧嘩覚悟の身構えを解くのに苦労した。たった一人同席していた大蔵省参事官がていねいに書き留めた会談記録は、後日、法的に自白同様となったと教わった。複雑な気持ちだった。

パキスタン中央銀行幹部や銀行界の若手改革派に人望の厚いC氏のこと、彼の活躍は見事だった。やめるどころか大々的に調査の手を広げ、次々と改革同志の輪を作り、金融界の外へも拡大していった。世銀もＩＭＦと協力。世界第一線の銀行監査専門家らを中央銀行へ送り込んだ。七〇年代初期、ズルフィカル・アリ・ブットー政権に国営化され、パキスタン銀行部門のほとんどを占める国営銀行五行の立ち入り監査となった。

調査結果は想像を絶するひどさだった。報告には「銀行とは呼べない」とあった。政治家、官僚の天下りや、彼らの縁者と選挙地区住民の雇用で肥満した「雇用機関」。権力者が提出する架空プロジェクトに融資して、債務不履行に知らん顔の「小切手印刷機関」。みなそろって破産状態で、大英帝国時代からの由緒ある歴史を汚していた。

その補填見積もり総額は、国家財政の破綻と資本の国外逃避への連鎖反応を示唆していた。すでに、悪化した財政赤字と国際収支赤字にあえぎ、ＩＭＦの介入で食いつないでいた国だから、時限爆弾を抱えているようなものだった。そして調査は、根本の原因を、二百家足らずのパキスタン権力者「ファミリー」にあると突き止めていた。

改革同志に、パキスタン一流新聞の論説主幹たちが加わったときは、躍り上がって喜んだ。腐った政治家に改革は期待できぬ。我らが世論を動かさねば国が危ない。愛国心にあふれる老練ジャーナリストは、専門的な調査結果をかみ砕いては一般読者に分かりやすいように報道した。パニックを招かないようにと、記事や社説にいろいろな配慮をすることも忘れなかった。時には母国を想えと厳粛に、時にはおもしろおかしく、国民の良心に訴え続けた。ジャーナリズムこうあるべしと、ほれぼれさせられた。「ファミリー」の名前を列挙した記事には、さすが大丈夫かと心配したが、軍の後ろ楯があるからと平然としていた。なるほどこの国はそういう仕組みなのかと、目から鱗が落ちた。それでも動じない「ファミリー」の傲慢さには、驚き、あきれた。

それから十年、政権交代を三度[1]も経て一進一退、紆余曲折の長い戦局となったが、改革の勇士たちはあきらめなかった。中央銀行の独立化と人材育成、金融訴訟専門の裁判所組織の立ち上げや裁判官教育などと、地味でも重要な活動を続けた。九九年夏、ナワズ・シャリフ[2]政権二期目、銀行部門構造調整大型融資の世銀審査が可能な状態にまで漕ぎ着けた。

しかし、改革の指導者として苦労した中央銀行総裁が、時熟さずと許さない。改革の政治意志は金ほしさの口先のみ。どうやっても「首相のファミリー」が動じない。そうだミエコが切り札になれ、と言い出した。

2　約束

覚悟してパキスタン首相官邸に入ったのは、一九九九年九月十二日正午前だった。正面玄関の車寄せに降り立ったとき、小春日和の柔らかい陽射しになぜかほっとしたのを覚えている。

首都イスラマバードは、五八年にカラチから遷《うつ》された。良港に恵まれた商業都市カラチの混雑や水不足を避け、経済活動の一都市集中化を防ぐのが遷都の理由。政治とカラチの金の間に距離を置くためとも言われるが、権力者のしがらみや人間関係は、そんなことでたやすくは消えない。

遷都でもうけたのは、パキスタン航空。イスラマバード－カラチ間を日に数回往復するジャンボ機はいつも満席。首都へ陳情に出向く実業家など、各界要人の良いたまり場になっていた。

中央銀行は、金融の中心カラチから動かなかった。銀行改革の同志への表敬とイスラマバードの政治家や官僚への失敬を意図して、パキスタン入りはカラチからと決めていた。まず中央銀行で、総裁の掛け声に集合した同志たちと会談、改革の経過や苦労話、今後の作戦などを聞く。それから、待ちかまえる報道陣に「捕まる」。テレビもラジオも新聞も、我が株主国民に話しかける貴重な機会をくれるのだから、彼らの納得がいくまで時間を割く。

新顔記者が混じったときには、古顔連中と一緒になって金融の初歩から改革の理由までの即席講義となる。総裁の飛び入り出演に、皆とうれしい思いをしたこともあった。正しい情報はイスラムが教える良い民主主義の糧、報道界の仕事は国づくりにとって大切な神職だと、たびたび彼らを励ました。テレビ・ラジオの報道陣には、字が読めない多くの国民を忘れないでと頭を下げた。

それが出張第一日の日課だったから、パキスタン航空の「たまり場」は頻繁に使わせてもらった。搭乗するたびに「やあ久しぶり」と、よく声をかけられたものだった。偶然の出会い、噂話、時には改革勇士の勧誘と、首都までの二時間はいつも愉快だった。

が、その日は違った。中央銀行総裁の「切り札になれ」を受けたはいいが、どうしたらナワズ・シャリフ首相の「ファミリー」を銀行改革の味方にできるのか、あても何もない。一昼夜ああでもないこうでもないと悩んだ末、迷いながら乗り込んだビジネスクラスが一瞬シーンとなった。あ、もう「切り札」が噂になっているなと感じた途端、なるようになれと肝が据わった。

首相官邸は、イスラマバード北東の角、ヒマラヤ山系の起伏が緩やかに始まる丘に門を構える。関西人が東京を嫌うように、歴史や文明の匂いがしないイスラマバードをどうしても好きになれなかったが、特に首相官邸は大嫌いだった。その昔インド大陸まで勢力をのばしたムガール王朝の優雅な建築様式を、あきれるほど下手に真似た建物だ。大理石をふんだんに使い、化粧室にシャンデリアがぶら下がる成金趣味で、広大な敷地には贅を尽くしたポロ競技場まである。訪れるたびに無駄遣いと怒り、この官邸一軒でいくつの村に電気水道が引けるのかと計算しては頭にきていた。

その無駄遣いの発起人がシャリフ首相で、「ファミリー」に大もうけをさせたと言われる。第一期目（一九九〇〜九三年）は、ベナジール・ブットー首相と同様、憲法上の政治無能・汚職を理由に大統領に解任された。彼の父は、小さな鋳鉄部品工場から財閥イテファク・グループをたたき上げた豪傑。首相は父親に頭が上がらず言うなりだというのが、ちまたの噂だった。
当時、悪化する経済状態とそれに拍車をかけるような政治にパキスタンの長期リスクを危ぶんで、新規融資は停止していた。経済政策議論など毛頭できない首相だったが、初対面のとき、これだけは知っておいてくださいとマクロ経済のからくりを簡単に説明したら、喜んだ。心を開いて付き合える政治家ではなかったけれど、以来いつも気さくに会ってくれて、経済学のＡＢＣ的な会話が続いていた。
その日は昼食をよばれた後、人払いを頼むと、気軽にお気に入りの居間へ誘ってくれた。こぢんまりした部屋に開かれた窓からは、ヒマラヤへとせり上がる山々が、庭の続きのように見えた。カシミールの血をひく首相は、あの山のむこうが自分の故郷だと目を細めた。ふとアマ（母）の笑顔が山景色に重なった。「私の心の故郷もあの山のむこうです」と、アマの村のことを話しはじめた。（三五頁以下参照）
日に七時間近くを費やす水汲みの苦労を話し終わったとき、首相は真っ白なハンカチを取り出して、目をぬぐっていた。気付かぬふりをして山の彼方を見ていたら、ミエコの故郷に水道を贈ろうと言う。断った。志はありがたいが、あの村人はそういう政治を好まない。我らの村が水道をもらっても、他のカシミールの村々はどうなる、「下界」のパキスタンの貧村はどうなる、と案じる人たちだから。

首相には、たったひとつの水道より、もっと大きな事を成す力があると言った。身をのりだす彼に、水道を引くための、村の貯金のことを話した。そのささやかな貯金が危ない、と続けた。以前から進言していることだが、国営銀行はいつ破産してもあたりまえ。そのとき困るのは金持ちではない。カシミールの村人のように、小さな貯金に人生の夢を託す多くの民が犠牲になる。

銀行改革を支持すると約束したのを忘れたのか、と首相は言った。男は約束を守るとふくれる彼を、女のほうが守りますよと笑わせて「それでは本物の男になってください」と頭を下げた。

真剣勝負の時がきた。

「人様の大切な金を貸す銀行家として進言する。たとえ首相でも、口約束だけで融資はできない。行動で政治意志を示してほしい。貴国の勇士たちが練り上げた銀行改革案は見事。我が国日本に煎じて飲ませたいほどだ。しかし、トップリーダーの一族が債務不履行ファミリーである限り、銀行界の立て直しは不可能と判断する。恐れ多くも人の上に立つ指導者は、身辺を清め、民の模範となるべく努力すべし。それこそ政治生命の源だと考える」

注意持続時間が異常に短く、感情的に反応する人だ。どうなることかと身構えていた。が、静かに聴き終えた首相は、私から目を外さなかった。先に外した方が負けだと思った。そのまま、気が遠くなるほど長い沈黙……。

ふと、柔らかい陽ざしが彼の瞳を洗ったように感じた。

「本物の男として約束する。家長としても約束する。一カ月後までに、全額を清算する」

ナワズ・シャリフ元パキスタン首相（写真提供：AP Images）

「カシミールの村人、いや国民に代わって、お礼を言う」と再度頭を下げたら、不本意にも涙があふれてしまった。首相が慌てて渡してくれたハンカチは「洗って本物の男に返します」。拳骨でもらい泣きの涙をこする首相と顔を見合わせて、大笑いになってしまった。

そして待つこと一カ月。首相の「ファミリー」が借金の返済を始めたという噂が広まり、他の「ファミリー」にも右にならえの徴候が見えてきた。

約束の十月十二日。首相の電話を今か今かと待っていた私に、カラチの同志から緊急連絡が入った。クーデター突発の連絡だった。

机上の、真っ白に洗いあげておいたハンカチが、急に色あせた。しばらく声も出なかった。

3　民意

一九九九年十月十二日にパキスタンで突発したクーデターはその日のうちに終結をみた。幸いにも無血に終わり、国民に動揺は窺えず、かえって皆ホッとしたようにさえ見えた。腐った政治が終わったと躍り喜ぶ男たちの姿に、その腐った政治家を選んだのはいったい誰なのだとテレビの画面を怒鳴りつけた。民主主義政権への復帰期限を明示せよと騒ぐ日欧米諸国の態度に、国家の富を搾取し国民を騙し続ける政権を民主主義と呼ぶのか、現場知らずか国際政治の嘘かと憤慨した。とにかく悲しかった。

あのとき初めて、組織改革をしておいて良かったと思った。世界銀行を草の根に近づけ、行員の意識改革をねらい、まず南アジア局を模範にと断行した。各国担当局長を現地在留にして業務全権を譲り、従来の本部指導型をひっくり返した。専門職員の現地採用を常識化、本部職員との間にあった根強い差別待遇も消していった。各国事務所には、国内や海外在留の民間層から驚くほど優秀な人材が集まり、無理だと言われた女性専門職員も増え、ほしかった「土地カン」以上の効果があった。職員全体の国づくりへの情熱にも、沸々としたものを感じるようになっていた。

世銀が後れをとっては大変、新政権に「参上」してくれと早々腰を浮かす部下たちを、今が大切、下手に動いたら国づくりの長期戦に負ける、我慢我慢とたしなめた。世銀株主、一億四千万の国民の意を聴くことが第一。私たちの情報網に自信を持って、草の根を歩き回ってくれ。どんなに時間がかかってもいい。ただ、チームの団結を忘れずに、この仕事を楽しんでと促した。

どうせ新規融資は数年来停止しているのだから、短期作戦は知識の融資。経済政策に素人の軍政権には、世銀が持つ知識と分析力が必要なはず。それを積極的に提供しながら、破綻した経済の建て直しに軍がどう動くのか、行政能力の様子を見守ることにした。

クーデター翌年の夏、株主のために早く来いと部下に叱られた。パキスタンは多民族連邦国家。おおまかに言えば、主な民族がバルチスタン州（バルチ族）、シンド州（シンド族）、プンジャブ州（プンジャブ族）、北西辺境州（パタン族）を成し、多くの少数民族が世界史の吹きだまりのように隠れ住む北方領土とカシミールがある。北はK２で有名なヒマラヤ山脈系から南の北回帰線まで、面積は日本の二倍強。部下の「民意」に関する報告を、せめて肌ででも確かめようと、各州と北方領土に一週間ずつ費やした。ホームステイしいしい、草の根を歩き回った。

やっとイスラマバードに到着した夜、タブーなはずのディスコ歓迎パーティーに驚いた。踊りが好きな私を餌にして、イスラムの古い風習を破りたいという部下の熱い思い。無駄にしては副総裁失格と、誰彼おかまいなく、戸惑う客人を釣っては楽しませてもらった。

アジズ大蔵大臣（当時、〇四～〇七年首相）が、踊りながら嘆いた。「明日、ボスは元首相官邸で君と会うが、官邸のぜいたくを嫌い、たまに公務に使うだけ。警護上、自宅から引っ越してくれといくら頼んでも、首を縦に振ってくれない」。思わず「気に入った」と手をたたいた。

翌日、待ちくたびれたと微笑んで手を差し出すムシャラフ将軍に「理由はどうあれ、民主主義のたどる紆余曲折の学習を軍政権が切断することは邪道。だから失敬した」と言った。「君の考えは聞いていたが、はっきり言ってくれてうれしい」と本当にうれしそうな彼の表情に、軍人のマスクはなかった。「軍服が似合わないリーダーに会うのは、初めてです」と笑ってしまった。

シャリフ首相は、九七年二度目の就任後、まるで鬼になったように権力集中化に執着した。国民投票率は史上最低でも地滑り的圧勝だったから、国会を意のままに操った。まず憲法を改正し、大統領の首相解任権を削除した。汚職罪を告発されても無視し、最高裁に次の矛先を向けた。首相を告訴しようと動いた最高裁長官を解任して、どうみても不適任な人物を任命した。残るは軍。クーデターの歴史をくり返してきた軍の権力を弱めようとやっきになって、さまざまな政治介入を続けた。

目にあまる権力乱用に、陸軍参謀総長兼総合参謀本部議長のムシャラフ将軍は真正面から進言、ぶつかってきた。イエスマンを好む首相と歯に衣を着せぬ将軍は、もちろん犬猿の仲だった。

独立以来、国家の近代化を支持し続けてきた軍の指導者層は、イスラム穏健派で占められていた。しかし、過激派的な思想に傾く幹部が増えつつあり、特に軍に属するパキスタン情報機関に多かった。首相は、情報機関長官（ジアウディン中将）を陸軍参謀総長とし、軍指導者層の不和と内乱、軍組織の不安定化を図った。

クーデター当日、ムシャラフ参謀総長は公式訪問でスリランカにいた。コロンボ時間午後四時頃、将軍夫妻を乗せたパキスタン航空八〇五便カラチ行きが離陸した直後、首相は将軍を解任、ジアウディン中将を後任に任命した。しかし、機上の将軍を大向こうのはるか彼方に置いたまま軍総指令部に出向いた中将は、閉め出しにあった。軍の伝統を知らないのか、指揮権譲渡は前任者が同席のうえ成すことだと、追い返された。慌てた首相は、次にとんでもない命令を出した。八〇五便は国外追放、着陸を拒否せよ。自らクーデターの引き金を引いてしまった。感情的に動きすぎる首相を思い出し、ばかなことをと開いた口がふさがらなかった。

旋回を続けるカラチ上空、コックピット内の将軍は着陸拒否の説明をせぬ管制塔に苛立っていた。

突然、朋友イフテカー将軍の声が無線の上に躍った。「本日午後五時、閣下が解任されました」。無事着陸したとき、クーデターは終了同然だった。

「残った燃料は飛行時間七分。自分は軍人、いつでも死ねる。だが、あのジャンボ機は民間人で満員だった。女子供が多かった」と身震いする将軍。彼の目に濡れた光を見て、この人はいつも本気だなと感じた。

クーデター後の、彼の国民へのメッセージを思い出した。

「パキスタンは今運命の岐路に立つ。我らの手によって成すか壊すかの運命の岐路に。五十二年前、我々は希望の光のなかで国づくりを始めた。今日、あの光は消え、我らは暗闇に立つ。しかし、失望はよそう。私は楽天家だ。我が国の宿命を信じる。国民を信頼し、我が国の将来に確信を持つ」。九九年十月十七日、あのスピーチを聞いたとき、将軍の言葉を疑った自分を恥じた。

最高指揮官不在のクーデターの「不思議」を将軍に尋ねた。ビジョンと価値観を明確にし、組織の隅々まで浸透させるのがリーダーの大役。最下位の兵の心までしっかりつかみ、皆と一心同体となることなしに、人間の良心に反する人殺しを職業とする組織はつくれない。我が軍の使命は、母国の国体持続を命をかけて守ること。口先だけの使命感ではない、軍人一人ひとりのハートにある。シャリフ政権が母国を大危機にさらすと確信したとき、軍が動いたのは当たり前だと平然としていた。

この人のリーダーシップ精神なしに、あのクーデターは起きなかったと感じた。「ムシャラフは立派な指導者。彼に国運を賭ける」が草の根の声だった。皆まるで口をそろえたように言っていた。やっと納得した。我が株主の民意は正しいと確信した。心底すっきりした。

4 ボス

We will not fail（失敗はせぬ）が口癖のムシャラフ将軍は自称「楽天家」。彼の声はいつでも明るかった。聞いただけで自信が湧いてくるから不思議だったけれど、後にも先にも一度だけ違う声を聞いたことがある。

初会談のとき。クーデターの話から本談に入る矢先、彼の声がふと寂しそうに翳《かげ》った。「トップの視点はおもしろい。見えなかったものが見えてくる」。隣席のアジズ蔵相が、心配そうに「ボス」の顔を窺ったのを思い出す。知っていたつもりだったがと、将軍は続けた。想像を絶するほど深刻な経済の破綻に驚いた。組織制度化され、マフィア化した汚職のひどさにも驚いた。その汚職が国家経済をここまで追いやった事実に仰天した。

「いったいどこから手をつけたらいいのかと、軍人キャリア三十五年目に初めて動揺した」と苦笑する将軍に、十二年前パキスタンに出会ったとき、自分もそうだったと白状した。経済学博士の君でもかと目を丸くする彼を「将軍の君でもか」と笑わせて、改革は戦争でしょうと目を丸くし

ムシャラフ将軍（左）と議論を重ねる筆者

返した。やはりそうかとうなずく彼に、ならば将軍の専門ですねと笑ってたたみかけた。「敵は、戦略は、作戦は、将軍？」

すらすら答えてくれた。「敵は貧困。戦略はgood governance（正しい統治）。我が国が抱える国体持続の長期リスクは、貧困につきる。政府、民間、あらゆる部門から汚職を追放せねば、このリスクの解消は不可能だ」

彼は知っていた。人間が人間として生きるための最低限の「安全保障」は、心身の健康と、胸に灯す希望なのだと。貧しさとは、この保障がないことだと。そしてその原因が、止むことを知らぬ権力者の搾取にあるとき、貧民がもつ捨て身の鬱憤の恐ろしさも知り抜いていた。暴動、犯罪、過激思想にはけ口を見つける人口が増える国。その行く末は、国体消滅の危機なのだと。

アフガニスタンの悲しい歴史が示唆すると彼は言った。貧困解消すなわち「人間安全保障」イコール「国家安全保障」。貧困を敵とする改革の戦略は、そのまま国家安全保障戦略につながる。戦争だ、人を殺《あや》めず母国を生かす戦争だねと、うれしそうな将軍の笑顔が無邪気だった。

しばらく、草の根体験を比べ合った。「人間安全保障」を脅かす汚職を語る将軍の声は熱かった。病に倒れたらどうなるというぬぐいきれない恐怖感。債務不履行労働すなわち奴隷制度、臓器や眼球の密売、売春、小児売買、餓死。地獄は紙一重の現実なのに、そ知らぬ顔で横行する公共医療制度の腐敗。医療器具や薬品の横領。年金目当てに公立病院に名を連ね、民間で稼ぎまくる「幽霊医師団」。GDP数パーセントの公衆衛生医療費予算はどこに。死にたきゃ公立医院に行くさと、せせら笑う人々。

「心身健全なる母なしに、国は滅びる」と、彼は貧しい女性の苦労も熟知していた。彼女らと子供たちの筆頭死因はかまどの煙。電気は室内空気汚染という死神を消す。水道の効力は水中伝染病をなくすだけではない。女性に毎日平均六時間の余裕を授け、家族の衛生管理や読み書きを習う時間を恵む。なのに、電気も水道も、高額の賄賂なしには拒否される。電気水道料金を活動資金に私腹する労働組合。赤字補填を当然のように要求する国営会社。

貧民に共通するたったひとつの希望は子供の教育。「幽霊教師」を筆頭に、その希望さえも裏切る教育制度の汚職。徴収した税金を制度的に山分けする税務署。金さえあれば悪を正にし、告訴文献消滅など朝飯前の司法機関。賄賂なしでは動かない警察。法的に自由裁量の権限を拡大しては収入源とし、民間企業や一般市民の経済活動を妨げる国家公務員。泣きたいほどひどい話は尽きなかった。

どれもこれも改革せねばと憤る将軍に、戦敵と戦略は同意するが、作戦がないと文句をつけた。軍政権だからこそ民の支持が重要だと考える。どこから手をつけていいのか迷うほどひどい状態でも、戦線が多すぎる。人間は変化に不安を感じて嫌うから、改革は柵しがらみの損得抜きに誰にとっても痛い。

「負け戦で当たり前だな、おもしろい！」と将軍が軍人の声で受けた。勝ち戦に変えよう。戦線を絞って勝利の連鎖反応をねらい、改革の痛みに挑戦する勇気を育む。国民がすぐ肌に感じうる教育や公衆衛生医療改革。民間企業が改革の成果を早めに糧とできる銀行改革や税務署改革。「プラスの成果が早く出る改革から手をつけるのが作戦だな」。二兎を追う者は一兎をも得ず。さすが将軍、軍服が似合うと感服した。

緻密な相互関係が経済機構と市場の常だから、本気本腰の改革ならば、その輪は必ず他の部門に広がると言うと、うなずいた将軍が補った。「国民の参戦も作戦のうちだろう。多くの人々に手伝ってもらわねばできない改革ばかりだ」。思わず「Smart!（賢い）」と言ってしまい、口を覆って赤面した。官邸に爆笑が響いた。

初会談を終えた晩、アジズ蔵相（元シティ・バンク副社長）が食事に誘ってくれた。「ボスが選んだチーム」に会ってほしいと、内閣総ぞろいだった。銀行改革の同志ら数人、親友のジャラル教育大臣（四六頁参照）、民間企業CEOなど、長年友好を温めてきた人々の顔が多い中、初対面の科学者や、アジズ蔵相のように海外在留が長い人もいた。ほとんど皆、将軍とは面識もなく「ある日突然、面接に呼ばれた」人たちだった。クーデターは嫌いだけれど「ボス」に惹かれたと口をそろえて言う。うらやましかった。

例外はただ一人、ムシャラフ将軍の恩師、元防衛大学教授だった。腐りきったパキスタン国有鉄道に昔の栄華をよみがえらせたいと自ら望んで入閣した鉄道大臣だ。若き日の将軍の思い出をおもしろおかしく語っては皆を沸かしていたが、なぜ自分が入閣を望んだのか、知っておいてもらいたいと私に言った。

「六五年、第二次印パ戦争のある夜、インドの砲撃が弾薬倉庫を直撃したことがあった。戻れ！と声をからして命令しても、兵士は我先にと逃げ散る。ふと見ると、燃え上がる倉庫の方へ土を蹴って走る影絵姿が火の手の明かりに浮かびあがった。青年将校ムシャラフだった。その姿に気付いた兵士たちが一人、二人、三人、続々と後を追い、倉庫の爆発をくい止めた。自分が正しいと信じる事は捨て身でやり通す。だから、人がついてくる。ムシャラフはそういう男だ」。食事の手を止めて聞き入っていた大臣たちの頭が、そうだそうだと一緒に揺れた。

将軍は猛烈な勉強家だった。自分の頭でわからない事に最高責任はもてぬと専門家に教えを請い、主流から外れる見識を広く求めることも忘れなかった。改革に導入する型破りの人選には、人を見る目があるといつもうならされた。イエスマンを避け正面からぶつかる人材を好む姿勢は、改革の同志に勇気を与え、行政の質を上げた。縦割りを嫌い、内閣と各省次官らにチーム精神を徹底的に叩きこむから、改革の輪が加速しながら広がっていった。

めざましい進展が始まった。世銀の部下たちは、うっかりすると改革に取り残されてしまう、とうれしい悲鳴をあげた。だが、世界は冷たかった。そっぽをむいたままだった。

5　合掌

アジズ蔵相が嘆いた。「国際援助社会は聞く耳を持たない。構造調整大改革を進めている、決して援助ほしさからではない、国家安泰のための真剣勝負だと話すが、まるで信じてもらえない」。ブータン出張中、相談したいとの連絡に、帰途イスラマバードへ飛んだ。九・一一同時多発テロの前年、二〇〇〇年の冬のこと。パキスタンがもうすぐ日豪英米の「ダーリン」になるなど、夢にも思わないときだった。

長年、口先上手の約束守らずで援助の利を動かし甘い汁を吸ってきたパキスタン政府に、国際援助界はいいかげんあきあきしていた。それに一九九八年の対インド核実験返答、翌年のクーデター、と重なったのだから無理もない。G7の経済制裁もあって、日欧米を筆頭に世界の目は冷たかった。

だが、援助側にも責任がある、冷たすぎると思った。

援助のよしあしは金額とは無関係、政策やガバナンスの質の判断で決まる。誤ると被援助国の悪い柵を増長する。パキスタンは、その典型的な例だった。本部指導型で現地駐在員を窓際族のように扱う援助機構の仕事に、この副作用が大きい。まして近年の対アフリカ援助のように国際政治と報道界の注目を浴びるとなると、目もあてられない。

そして日欧米は、パキスタンを軽視し過ぎてきた。国家安全保障戦略を地球の観点からしっかりとらえていたなら、中国・インド・パキスタンの三角関係を重要視したはず。そのジオ・ポリティックスの要役者が核保有能力を持つことは、長らく周知の事実だった。平和を真剣に考えていたなら、インドと並んで核不拡散条約加入を拒否する国だからこそ、息の長い外交戦略を続けたはず。金の力に頼らず良い指導者を育む援助を、長期外交対話の戦略手段として利口に使ってきたはずだ。

なのに、二国間援助は熱しやすく冷めやすく、特に米国の態度はひどかった。都合のいいときは金をばらまき、悪くなれば切り捨てる。ソ連のアフガニスタン撤退でパキスタンが役立たずとなると冷め、九三年、核不拡散条約加入拒否を機に大所帯を構えていたUSAID（米国際開発局）を突然閉鎖した。そういう醜態を目にするたびに「近眼」政治家の世論に対する安易なごまかしか、中央指導型で現場背景を把握できない外交界の尻ぬぐいかと、憤りを覚えた。

ムシャラフ将軍と瓜二つの「楽天家」蔵相が、肩を落として言った。自分も元銀行家、一度失った

パキスタン援助国際会議で議長を務めるアジズ蔵相（当時、右）を補佐しながら、感無量の筆者

信頼を取り戻すのは難しくて当たり前だと考える。しかし、我が国に対する偏見には空恐ろしいものがある。蔵相と見事なチームワークで、苦しい国際収支の管理を続ける中央銀行総裁も落胆を隠さなかった。国際援助を復活して、改革を経済成長に転換する時期を早めたい、雇用率を高めたいと嘆いた。二人並んでの浮かぬ顔に、これはいけない、自分が楽天家にならねばと覚悟した。「一心値万宝《いっしんまんぽうにあたう》」。どこで学んだのか忘れたけれど、大好きなこの言葉で励ました。そんな顔は、世に稀な蔵相・総裁チームに似合わないと笑った。

ムシャラフ将軍も加わって、作戦会議となった。戦線がまたひとつ増える、援助界が敵になるとは思わなかったと言う将軍に「敵は陣内、外にはいない」と反論した。信用をここまで落としたパキスタンの過去が敵なのだ。その過去と戦う現場を、援助界に見せねばと言った。無駄だ、各国大使はもう周知のはず、援助機関の駐在員もそうだ、と苦い顔。「中央集権型で縦割りの行政を直そうと努力している本人がおかしいことを言う」と議論した。世界中の政府、機構もそうなのだ。「本部の司令官」に直接見せねば時間がかかり過ぎると反対した。なるほどとうなずきながらも、半信半疑の将軍だった。

国際援助界は、毎年パリ世銀事務所で被援助国別に会議を開く。世銀副総裁が議長を務め、被援助国からは蔵相ら数人が参加するのみ。援助金の公約額に注目し過ぎ、中身はお祭り的な会議を変えようと努力していた最中だった。パキスタン援助国際会議は、核実験以来滞っていた。再開しよう、百聞は一見にしかず、恒例のパリからイスラマバードに移そうと提案した。パキスタン政権の指導力の見せ場、従来の世銀主導型を廃止して、準備から運営まで全部政府にまかせる。自分の議長権もアジズ蔵相に譲る。良い改革には頼まなくても融資がつく。改革の仕事を見に来い、金の話はしたくないと言ったらいい。

三人そろっての心配顔に、ああ井中の蛙だなと思った。改革計画はもとより、立派な結果がもうあるではないか。幽霊教師が全国から消えた。教科書詐欺が消えた。賄賂で決まる入学試験制度が消えた。教師訓練、資格認定制度が動きはじめた。学校が教育の場としてよみがえりつつある。公衆衛生医療制度も生き返りはじめた。税務署の文化改革も、若手改革派を軸に動きはじめた。世に希有なことだと自信を持ってほしい。援助界は夢ではないかと身をつねるはずだ。

銀行改革の同志の夢も現実となり、十年越しのゲリラ戦が実りはじめた。国営銀行民営化の方法は刷新的、世界の注目に値する。銀行業に素人の官僚や学者は、売り方で民営化が水の泡になる可能性を知らない役立たずと、海外第一線で活躍中のパキスタン人銀行家五人を呼んだ。彼らに国営銀行五行が真面目な株主に買ってもらえる状態になるまでCEOとして立て直してくれと頼んだ。不可能なら潰して結構、介入は一切しない、思う存分やってくれという将軍の案は、世界の銀行史に稀なのを知らないのかと意見した。

銀行部門構造調整改革に三億ドルの世銀融資を考えている、と三人を驚かせた。その計画を公表すれば、氷は必ず解けはじめる。それでも心配な「井中の蛙」なら、と続けた。つい先週、ブータンが首都ティンプーで援助会議を主催した。大成功だった。小国が悩む世界の無関心をひっくり返し、参加者一同「国民総幸福量」の行政哲学を体験学習して感動した。人口は少なくても、ブータンは大国だという認識が芽生えたと話した。身を乗り出して聞いていた三人の顔に生気が戻った。「ブータンにできることが我が国にできないわけはない！」と膝をたたく将軍。"That's the fighting spirit!"（それこそ闘志）と笑った。

翌年三月イスラマバードで開催された会議は、草の根訪問も組み合わせ、改革に直接携わる勇士らのセミナー形式だった。開催まもなく会議のムードが半信半疑から驚きへと変わっていった。普通は形式的な演説ばかりでつまらない質疑応答の時間が、専門家同士の討論や各国改革経験談など、知識交換の場となった。

中央銀行総裁を筆頭に銀行改革同志の発表が終わったとき、日本大使が手を挙げた。公式コメントは後ほど配ると前置きして彼は言った。「素晴らしい。総裁、この仕事が終わったら、我が国へ改革をしに来てください」。和やかな笑いが湧くなか、ひと昔のイスラマバードの夜を思い出し、傍聴席のC氏を見た。思わず両掌《てのひら》を天に向けてイスラムの祈りの形をとったら、微笑んで合掌を返してくれた。感無量だった。

ムシャラフ将軍のどこが気に入ったと聞かれたことがある。自分に正直で民を煽り騙さない人だと答えた。彼との時間を思い出すたび、政治家になぜああいう人が出にくいのだろうと憂う。

1◆一九九〇年にブットーが汚職のため解任されシャリフが首相に就任。九三年の選挙でブットーが政権を奪還するがまたも汚職で失脚、九七年にシャリフが再度首相となった。

2◆ナワズ・シャリフ（一九四九〜）：パキスタン・イスラム教徒連盟総裁。一九九〇〜九三年、九七〜九九年パキスタン首相。九九年、ムシャラフ将軍によるクーデターで失脚、国外追放。二〇〇七年に帰国。

神様の美しい失敗

［モルディブ］

「むかしむかし、その昔、地球をおつくりになった神様が、海と空を塗り終えられて、いざ雲を描こうとなされたとき、筆先からぽとりと絵の具がたれてしまいました。群青の海に真っ白な輪となって広がる失敗をご覧になった神様は、その見事な美しさをたいそうお喜びになられて、筆を北から南へぴょんとお振りになりました。そうして描かれた二六個の輪が、モルディブの始まりなのです」

その二十六個の輪のひとつ、環状珊瑚礁の片隅に、魚と海流が砂を寄せ、鳥と風が種を運び、大自然が長い歳月をかけてつくりあげた離島。人口千人足らずのその島の小学校で、飛行機から見たモルディブの姿を教えてとせがまれた。初めて見る国のこの世のものとは思えない美しさに、機中ふと浮かんだイメージがそのまま言葉になった。

モルディブ共和国は、インドの先端から南へ二千キロほど伸びる海底山脈、チャゴス・ラカディヴ海嶺上に成長する一連の大環状珊瑚礁。それぞれ数多くの島に飾られる珊瑚礁の群れは、東西は最長百三十キロにも及び、北から南へ八百二十キロにわたって赤道をまたぐ。古代からインド洋海路の要として地政学的な利を備えてきた。

大小合わせて千百九十島のうち、人が住むのは地下水に恵まれた二百島前後。その他百島近くの無人島がリゾート開発に提供され、鮪と鰹漁業を主体とする水産業とともに国の経済を潤している。陸地を足せばせいぜい佐渡島の三分の一ほどの国土だそうだが、モルディブの人々は、国土九万平方キロメートルの九九％が海だと誇る。

その神様の美しい失敗が、人間の醜い失敗で消されるかもしれない。モルディブ諸島は、最も高い島でも海抜二・五メートルに満たない。地球温暖化で海面が上昇しはじめている今日、国家の水没が現実に近づきつつある。

狂人あつかいをされても、大げさなと一笑に付されても、この小さな国は海面上昇問題を国際世論に訴え続けてきた。温暖化現象を知る科学者さえ少なかった四半世紀も前から、地球にむけて半鐘を鳴らし続けてきた。

あの離島の子供たちには話せなかったけれど、空からモルディブを見た瞬間、その半鐘が胸に響いた。海面上昇問題を勉強してはいたが、現実問題として捉えていなかったことを恥じた。

モルディブでは、一カ所に長く滞在するホームステイよりも離島巡りを選んだ。全島は無理でも、人が住む島々はみな訪れようと、珊瑚礁から珊瑚礁への船旅をくり返した。環状珊瑚礁に守られた内海は穏やかだが、外は正反対。環礁間を加速しながら流れ抜く海流を貿易風が逆なでて、しけなくても高波の海峡が多い。船に弱い私には覚悟の旅だったが、海はいつも鏡のように静まり返ってくれて、不思議に一度の船酔いもなかった。ミエコのおまじないはよく効くと評判になり、訪問のたびに同伴者が増えた。皆、惚れ惚れするリーダーシップをもつ次官級官僚たちで、船旅は良い学習の場を与えてくれた。

どこへ行っても驚くほど行き届いた行政があった。医療施設と学校が、どんな離島でも立派だった。ピカピカに磨かれた病院の廊下や、ペンキ塗り立ての学校の壁に、新築かと聞いて笑われた。整備管理に手を抜かず「古いものを大切に使うのは船乗りの伝統だ」と、海の男たちが胸を張った。

モルディブ医師団に混じっていきいきと働くパキスタン人の若い医者が、高名なアガ・カーン大医学部卒と教わって驚いた。彼は、祖国の腐った政治を逃れてきたと苦笑した。「金もうけのために医者になったのではない。この国に来て、やっと神職を選んだ甲斐があると思えるようになりました」

即席童話を喜んでくれた離島の小学校には、インドから来た女先生が二人いた。「とにかくやりがいがあります。離島だからではなく、この島のほうが教育程度が高いから」と口をそろえる。前はどこで教えていたのと聞いて絶句した。バンガロールの有名校で、インドで一、二を競う私立女子校だった。

島から島へと巡るたびに積み重なる似た体験に疑問が生まれた。政府は社会施設を全国数島に集中する計画を練っていた。人口の離島分散で高くつきすぎるというのがその理由。ある島のＰＴＡ会合で、こんなに良い教育施設が動いているのになぜと聞いてみた。

空から見たモルディブ諸島の環状珊瑚礁（写真提供：Getty Images）

校長先生が、同行の計画副大臣をちらと見た。副大臣は、めずらしく赤くなって頭をかくばかり。気まずい沈黙を、母親の一人が朗らかな笑いで破ってくれた。

「大丈夫。島の人間は知っています。私たちの島が、いつかは海に帰ることを」

目から鱗が落ちた。

海に鍛えられた男衆は海面上昇などとうの昔から知っていたと、島の古老が教えてくれた。

「潮の満ち引きでな、海が膨らんでくるのがわかるのだよ」

彼らの留守に、家と島を守りぬいてきた強い女衆も知っていた。

「井戸の水がゆっくりゆっくり黒くなって、海が膨らんでいると知らせてくれるわ」

モルディブは最悪の温暖化シナリオが現実化したら、どの島が水没を避けうるかを把握していた。

護岸堤でその三、四島を守り、そこにインフラを集中して、国民の移住を勧誘する戦略。すでに首都マレ島護岸建設が「高潮被害」を回避するという目的で、日本の無償資金協力を受け着々と進んでいた。

モルディブのなすことすべて、この戦略を軸に回っていた。蓄財なしに危機管理は不可能。驚くほど保守的なマクロ経済政策に執着する本音が、そこに見えた。異常なほど教育熱心な国が、頑固に大学をつくらないわけも読めた。充実しすぎると批判される官費海外留学制度も、国体持続戦略の一端なのだ。

国際人として世界各国で活躍するモルディブ人と、護岸堤にぐるりと囲まれた数島を守る母国の人々とで、グローバルなバーチャル国家をつくろうとしている。人類が居眠りしている間、自分のことは自分でと戦略を練り、計画は静かに船出していた。大洋に生きる民には、まるで宇宙の観点から遠くを見る目があると感じ入った。

モルディブが抱える水没リスクは、世界銀行のリスクでもある。幹部会議でそう言ったら、小国がひとつ消えても世銀はびくともしないと笑われたことがあった。たった二十九万人とはいえ、世銀の株主だと怒った。そのときの世界情勢を考えてもみろと叱った。

人口とインフラは沿岸地帯に集中しがちだから、水没はモルディブだけのリスクではない。温暖化現象は極端な気象変化をも生むそうだ。大洪水や砂漠化などで世界の水資源分布を変える。最悪の場合、人口の大移動さえ心配する科学者もいる。モルディブ水没のときは、世界各国の社会と経済と政治が混乱状態にあると想定すべきだろう。もしその時が来たら、世界中の株主たちにとって世銀の貸借対照表が受ける悪影響など微々たることと想像できる。

リスク管理の姿勢とは、最悪の事態とその確率を想定し、力があるうちに自分のことは自分で処理できるよう先取りすること。神様の美しい失敗、モルディブの国民は、そう教えてくれた。

世界の沿岸線が水没しはじめたとき、モルディブは大丈夫だと思う。星と風を読み、波と潮に通じ、遠回りが最短距離と悟る海の英知を授かった人々。相変わらず落ち着いて、水平線を見つめているだろう。百年先の宇宙の姿を。

夢は大きく［ハンガリー］

卵を買うたびにハンガリーを思い出す。一九八四年、あの国がまだ鉄のカーテンのむこうにあるころだった。ハンガリー大蔵省の友人がＩＭＦ（国際通貨基金）の研修をうけにワシントンへやって来た。近所のスーパーで買い物を手伝っていたら、後ろにいたはずの彼がいない。卵の陳列棚の前に茫然と立ちつくす友を見つけると「社会主義も悪くはないな」とニヤリ。「白い卵に茶色の卵。サイズは特大、大、中、小。一ダースにするか、半ダースか。おまけにブランドまである。選ぶのにひと苦労だ。むこうじゃ卵は卵。選ばなくてすむ」。じゃあ改革はやめたらと笑うと、一番安い卵を無造作にカゴに入れながら真顔になった。「社会主義は国を滅ぼす。俺の愛国心が許さん」

あの友の母国を愛する情熱は、ハンガリーの国民性そのものだった。日本を脱出したがゆえに、積もり重なる愛国心を恥ずかしいとしか思えぬ私には、まぶしく光って見える人々ばかりの国だった。

ソ連の抑圧と共産党の独裁制を嫌う国民は、フルシチョフの脱スターリン時代に世界史に残るハンガリー動乱（五六年）を起こし、ソ連軍に鎮圧された。しかし、転んでもただでは起きないのがハンガリー人根性。粘り強く降伏条件を交渉したそうだ。外交はソ連と完全協調路線をとる代わり、経済政策に社会主義的市場経済を試みる自由を勝ち取った。さすが、数学や経済学などで驚くほど多数のノーベル賞受賞者を世に出した国のリーダーたち。彼らの鋭敏な頭と母国を愛するハートは、ソ連をも煙にまいた。経済政策と政治との切っても切れない関係に賭けた、母国解放運動の秘かな戦略だった。

ハンガリーと出会ったのは八三年。貧困解消の現場に憧れて世界銀行経済開発研究所を飛び出した直後だった。被援助国の政策にかかわらずプロジェクト融資に力を入れてきた世銀が、投資への悪影響はもとより、良い政策なしに健全な開発なしと反省しはじめたころで、産業戦略政策課という政策シンクタンクができたのを機に基礎研究に別れを告げた。政策研究活動をしながら、政策吟味の経験が浅い世銀エコノミストの養成と、プロジェクト案件への助言が役割だった。

ハンガリー政府から世銀に届いた産業構造調整プロジェクト案の立ち上げ会議に呼ばれた。経済政策の改革が焦点だろうと期待して読んだ書類に唖然とした。鉄板の厚さを数ミリ減らすとか、プラスチック製品の質を向上するとかいう類の、細かい技術導入案件ばかりが延々と並んでいた。目的は、国営企業の効率向上と赤字対策とあった。

土地勘ゼロの不勉強だけれど、問題は国営企業の独占体質に、根本の原因は政策にあるのではと意見したら、エンジニア連中から睨まれた。が、議長の担当局長は、我が意を得たり、手伝ってくれと言う。貧しい国の仕事をしたいからと断ったが「言い出しっぺの責任だ、一度でも自分の目で見てこい」。嫌とは言えなかった。

ダニューブ川は青くなかったけれど、ブダペストは美しい都だった。昼間は古都の由緒ある建築物に、夜は路上にあふれ出る音楽会の音色に、そして仕事ではエコノミスト官僚らの才能に、広く深いヨーロッパ文明を見て圧倒された。世銀の役目はいずこにと複雑な気持ちで、腹の虫の居所が悪かった。

不機嫌なまま臨んだプロジェクト案の批評会議では、はっきり結論から言った。「こんなことをしても無駄です」。怒って当たり前と期待していたのに、詳しく説明してくれと身を乗り出してくる。研究分野だった産業生産性と政策の関連や、世界各国の実証調査結果などの話をした。そして、共産圏にありがちな独占企業の悪い体質や、生産性の低下を促す社会主義政策の具体例を挙げて、もうかる会社ほど損、勤勉な労働も損となるハンガリーの税制にも言及した。技術導入が一時しのぎの無駄遣いになる。何がダイナミックな産業の発展を可能にするのか、根から考え直してくださいと締めくくった。

てくてく歩いて帰りながら、会議の様子を思い出してはどこかおかしいと首をかしげていた。夕闇せまるブダペストの裏道は人通りが少なく、静まり返っていた。ふと、石畳に響く自分の足音に重なる音が気になって、振り返った。黒いスーツの影がサッと路地に隠れた。あ、後をつけられているなと思ったとたん、目を輝かして聞いてくれた官僚たちが一言のコメントも発しなかった矛盾に気づいた。なるほど盗聴かと腹の虫が笑った。なぜかとても愉快になって、ホテルまでクスクス

ダニューブ川のほとりにそびえ立つハンガリーの国会議事堂（写真提供：AP Images）

笑いが止まらなかった。

翌日。計画省、大蔵省、中央銀行の高官三名から呼び出された。ブダペスト郊外、閑静な元貴族の館での食事だった。猪の焼き肉や見たこともない国産ワインを奨めながら「昨日はご苦労、ここなら思う存分意見交換ができる」と微笑む。やはりそうかと、聞き役にまわった。

消費税導入や貿易自由化も含んだ包括的な税制改革はもとより、保険・銀行業の近代化、新会社法や独禁制度、労働法改正と労働市場の育成、国営企業の民営化や株債券市場の設立。彼らが熱く語るのは経済構造大改革だった。

どの案をとっても、社会主義のイデオロギーにひっかかる。政治的な可能性を知りたくて、個々改革案の詳細を根掘り葉掘り問ううちに、あることに気がついた。壁に耳はありませんねと念をおして聞いた。「夢はＥＥＣ（欧州経済共同体）加盟でしょう」。一瞬顔を見合わせた三人は、黙って頷いた。社会主義市場経済改革の「最後に残る宿題」だ、改革を五カ年計画に盛り込みたい、世銀の支援を期待できるかと、堰が切れたようにたたみかけてきた。

「正直、今日の世銀には、この仕事への知的援助をする能力がないに等しい。だから、大きな期待はしないでほしい。ただ、世界の先端をいく専門家や実践経験者を必要に応じて提供する力はある。株主すなわち加盟国国民のためになる改革を反対勢力から守る梃子《てこ》として、融資を使ってもらう力もある。それでいいのなら努力しましょう」

その後約二年間、頻繁にハンガリーへ通勤する生活となった。改革同志は百人以上に膨れあがり、多種多様の専門分野で大きな勉強をさせてもらった。会議、電話、ファクスの盗聴を逆手に使うことも覚えた。どうしても聞かれたくないときには、ピクニックの青空会議を楽しんだ。

八五年の春、その青空会議の真っ最中にゴルバチョフ政権内定の速報が入った。彼を学友と呼ぶ同志らが「ペレストロイカ（改革）が始まるぞ」と踊りだした。ゴルバチョフも何もわけわからず、ポカンとする私まで輪に引き入れて、ハンガリー民謡を歌い踊り続けた。そして彼らが政権を主導すべく動きはじめたころ、一億ドルの融資が世銀理事会で可決された。

八九年、ハンガリーは自ら鉄のカーテンを切り落とした。西ドイツ亡命を望む東ドイツ人群衆の入国を許可、オーストリア国境での政治集会を許し、国境を解放、約一千人の亡命を実現させた。

この「汎ヨーロッパ・ピクニック事件」は、ベルリンの壁崩壊へと流れゆく歴史の大河の源となった。

二〇〇四年五月一日、ハンガリーが東欧諸国を先導して欧州連合（EU）加盟国となった。夢は大きく持つべきだと、うれし涙が止まらなかった。

遠すぎる和平［スリランカ］

1　先見の明なき政治

八月十二日は、生涯忘れえぬ人の命日にあたる。前スリランカ外務大臣、ラクシュマン・カディルガマル氏。

万能スポーツマンだった氏の唯一のぜいたくは自宅のプール。二〇〇五年のその日、毎日欠かさなかったひと泳ぎからあがったところで刺客の狙撃に倒れた。享年七十三歳。スリランカから入った緊急連絡に、胸が張り裂ける悲しみを知った。

何事にもはっきりしたビジョンを持ち、倫理価値観を凛と貫き、民を想って国を憂い、博識で英知深く、ウイットに富んだ雄弁家で、それでいて謙虚。Statesman（偉大な政治家）とは氏のためにある言葉と、教えを請い尊敬してやまぬ人だった。

氏の尽力により世界各国は、タミル民族国家の分離を掲げる反政府武装組織ＬＴＴＥ（タミル・イーラム解放の虎、イーラムはスリランカの意味）をテロ組織と指名、活動への送金を非合法化した。「我らタミル人はまずスリランカ人なのだ」と、母国の和平に一生を捧げた。

二〇〇二年二月の停戦合意直後「これから軍機でジャフナ半島に飛び、LTTEに会ってきます」とあいさつにあがったのが最後になった。「平和は静的な結果ではない。民が心底参加できる動的な過程なのだ。憎しみ合った者が、お互いを信頼することから始まる。人殺しを政治手段とした者に、はたして敵を信じる真の勇気などあるのだろうか」と案じた。「でも、僕の生まれ故郷に行ってくれるのはうれしい」と微笑んだ氏の顔が忘れられない。彫りの深い顔に光る彼の大きな目が、なぜか愁いを帯びたままだったから。

カディルガマル氏から教わった。一九四八年、英国から独立して以来、スリランカは「戦後」を知らない。その内紛の歴史には、戦線が北と南に二本あることを忘れてはいけないと。原因は双方とも、七割強のシンハラ民族と二割弱のタミル民族の対立にある。その根は深く、英国植民地時代にまでさかのぼることも忘れるなと。「大英帝国が民族を分裂して統治の手段としたのが原因という説もあるが、責任は我が国にある。独立初期の民族差別政策と、貧困解消に無関心だった悪質なガバナンスにあるのだ」と、口癖のように言っていた。

スリランカの数々の良港は、古代からインド洋航路の要だった。十八世紀になると、米国の捕鯨船団が頻繁に訪れはじめた。それもあって、気候が比較的穏やかな北部にあるタミル民族中心地ジャフナ半島では、十九世紀初期から米国のキリスト教宣教師の活動が盛んになった。彼らは教育を重んじ、大小百以上の学校からなる教育組織をつくりあげた。独立当時、全国ほとんどの学校がジャフナ半島に集中していた。

英植民地政府は、教育程度の高いタミル人を好んで起用したらしい。独立時、官僚はもとより、知識階級にはタミル人が圧倒的に多かった。この現実が多数民族シンハラ人の反感を呼んだ。カディルガマル氏は、この話になるといつも怒りを隠さなかった。「自らの権力の糧として民を煽動した政治家が悪い。民を正すのが指導者の責任。それをせぬ政治家は、神職から悪魔の奴隷に堕落する」と。

五六年、Sinhala Only Act（シンハラ唯一法）が制定される。シンハラ語のみを国語とし、公務員職にシンハラ語堪能という資格制限を加え、国立大学入学制度までシンハラ人優先とした。後に改法、タミル語も国語に加わったが、公立教育組織は二つの教育用語に分離されてしまう。両民族の子供たちが英語を共通語として同じ教室で学び、お互いの言語を習い、友として遊び育っていく環境は破壊され、元に戻ることはなかった。オックスフォード、ケンブリッジ大学と同格、アジアの最高峰といわれ、法学部には日本人留学生までいたコロンボ大学。その由緒ある歴史にも終止符が打たれた。「先見の明なき政治とはこのことよ」と、カディルガマル氏は涙を浮かべて語ってくれた。

昨今、世界が心配するスリランカ内紛は、北の戦線。ＬＴＴＥと政府軍の交戦だ。七六年、タミル人の多い北部と北東部地域の独立を目標に立ち上がったタミル統一解放戦線運動がその母体。運動は七七年の総選挙に政党として出馬し、タミル系の議席をほとんど確保したが、国会参加を拒否される。はずみを失ったままの運動に不満を持った若者たちが、今日までＬＴＴＥを率いるプラバカランをリーダーとして分裂、過激派活動を開始したのがLTTEの始まりだった。

一方、世界が忘れつつある内紛は、南の戦線。シンハラ民族の若者たちが、貧困に喘ぐ農民や労働者を顧みない左翼政党に大きな不満を持ったのが原因。六五年、モスクワで大学教育を受けた若者らが、マルクス・レーニン主義革命を目標としてJVP（スリランカ人民解放戦線）を設立した。

当時は、草の根の社会主義教育に力を入れ、テロ的な過激派活動を手段とし、シンハラ民族至上主義の傾向が強かった。以来、武力を駆使した暴動、要人暗殺、政府軍との交戦、非合法地下活動、政党としてまた浮上、という歴史をくり返した。近年は左翼政党としてよみがえり、与党連合に加入さえする。

北海道の八割に満たない面積の島に、東京都の一・五倍程度の人口。その小ぢんまりした島国の民がなぜ殺し合うのか。原因を知り動機を聞いても、まだ理解に苦しむ私を慰めるように、カディルガマル氏は言った。

「世界銀行のことを考えてごらん。高度教育を受けた若者たちの正義感と情熱には素晴らしい力がある。時の指導者に聞く耳があれば、国づくりの大きな味方となる。わかるだろう？　国家にも同じことが言えるのだ。ただ、我が国の権力者にはその耳がなかった。彼らの傲慢と無関心が、民の大切な宝を鬱憤と怒りに変えてしまった。負の破壊の道への扉を開けてしまったのだよ」

停戦監視準備のため首都コロンボとジャフナ間を頻繁に往復する軍機の中は、兵士の笑い声が

2006年暗殺されたカディルガマル元スリランカ外務大臣（写真提供：ロイター／アフロ）

絶えなかった。和平を喜ぶ彼らの明るい顔に、眼下に広がる暗いジャングルが重なって、戦火に散った命を想った。兄と慕い、弟と呼んだシンハラ人の村人たち。教師に、医者に、政治家になると、未来の夢を語ってくれた両民族の学生たち。複雑奇怪な政治の内幕を、手とり足とり教えてくれたタミル人の若い政治家。奪われた尊い命を一人ひとり思い出しては、心で手を合わせた。うれしいはずの平和な空の旅は、ただ悲しかった。

こんなに近い所で戦争がと驚くほど間もなく、ジャフナ半島が視界に入った。隣席の陸軍准将が本島と半島をつなぐ細長い浅瀬を指して「あれが激戦をくり返したElephants Pass（象の渡り道）。今は両軍の中間地帯だ。マダムはあそこを通ってＬＴＴＥの陣内に行く」と教えてくれた。着陸体勢に入ったとき、地上を動き回る小さな影にはっとした。飛行機の音を聞きつけた子供たちだった。戦いの生々しい傷跡から湧き出るように、次から次へと手を振りながら躍り出てきた。

別れ際のカディルガマル氏の声が耳の奥に響いた。

「ジャフナの子供の顔をよく見ておいで。若気の過ちを正す勇気を革命家に恵む薬。それは次世代の正義感と情熱なのだから。ミエコも僕も、その薬を促すことが仕事なのだから」

2　我が子の教え

瓦礫の山の合間に残るジャフナの家屋はまるで痘痕《あばた》に悩む美女のよう。銃痕が痛々しい壁を熱帯樹の陰に隠して、ひっそり佇んでいた。東洋と西洋が見事に融和した建築様式にイスラム様式の幾何学的な線が生き、独特な美を成していた。驚くほど分厚い石壁、庇の深い回廊、大小の中庭、扉と窓を思い思いに飾る透かし彫りの欄間。日よけと通風の知恵が生きる家屋はひやりと涼しく、そよ風に漂う素馨《そけい》（ジャスミン）の香りだけがここは熱帯と知らせていた。

破壊を逃れた家々の回廊は、もはや教室に変身していた。失われた年月を取り戻そうと、脇目もふらず勉学に勤しむ子供たちであふれていた。生徒も先生も親もみな「机も椅子も黒板も、教科書だってまだないけれど、平和がうれしい」と、目を輝かせていた。

町を出ると見渡す限り椰子《やし》園だった。ジャフナの香り高い椰子油は珍重され経済を潤したが、延々と立ち並ぶ大木の実のなる頭は爆破され、幹はところどころ黒焦げて、激しい戦いを物語っていた。幽霊椰子に見下ろされながら地雷撤回作業が始まっていた。撤回を終えた地所は青空学校。雑木林を日傘に、地べたにゴザの教室ばかりだが、子供たちの顔は底抜けに明るかった。

青空学校のまわりに男衆が群がっていた。子供たちの勉強ぶりをうっとり眺めていた。地雷で畑に出られず、浮遊機雷に船も出せぬ父親の暇潰しかと思ったら大まちがい。「やっとかなった夢を見に来ているのだ」と話す大の男が泣きだした。水汲みがてら夫を迎えにきた婦人と一緒になって、うれしいもらい泣きをさせてもらった。護衛役の軍人も、私の背に隠れて泣いていた。

中間地帯「象の渡り道」の対岸、ＬＴＴＥ（タミル・イーラム解放の虎）支配下の村々でも、同じ光景がくり返された。嬉々として勉強する子供たち。それを平和のしると喜び、学校に群がる男衆。

家事や畑仕事に精出しながら、そんな彼らをうれしそうに笑う女衆。ジャングルに響く子供たちの笑い声。平穏な生活に酔う大人の目。走馬灯かと我が目を疑い、現実なのかと肌身をつねった。

そうして、どこに行ってもひそひそと、噂話が走馬灯を奏でていた。LTTEの長プラバカランも人の親。長男がそろそろ学齢になる。息子の将来を想うからこそ、和平を望むようになったと。根も葉もない噂と聞き流していたが、まるで壊れたレコードのように村から村へと回り続けるささやきに、ある革命家のことを思い出した。

一九九六年六月。二度目のスリランカ訪問は草の根巡りに専念することとした。出発前日、LTTEが世界銀行を「タミル民族の敵」と呼び、おどしをかけてきた。前年、担任局長に就任した直後、クマラトンガ大統領の誘いに応じて夏休みを一緒に過ごしたことを知ってだろう（一二三頁参照）。訪問中止を勧める部下に「それはむこうの思う壷。ことを起こせば損するだけの私をねらうほど、LTTEは狂っていない」と笑って発った。

コロンボ空港に迎えてくれた部下たちの日程変更の説明に「心配をかけて悪かった、無知無謀なボスに黙従せぬ勇気と自発性がうれしい」と頭を下げた。首都コロンボ訪問は中止。草の根へ直行。行き当たりばったりの旅。目立つだけの警護も含めて政府との関わりはいっさいなし。貧困と戦う同志と信頼しあうNGOリーダー数人の世話になる。大統領以外は知らない予定変更だった。

スリランカの中部から南部にかけて、この国には稀な乾燥地帯がある。そこに広がるウヴァ県は、

カルナラットナ氏（左から２人め）の家の前で。後ろに氏の手製の地球儀を抱く夫人と息子たちの姿がある。左はシルバ会長

川はあるのに潅漑施設が不整備で、国道は農村のほとんどを無視して通り過ぎ、スリランカで最も貧しい県だった。ＪＶＰ（スリランカ人民解放戦線）の温床となったと伝わるひどい貧しさに、なるほどとうなずきながら村から村へと渡り歩いていた。そんなある日、世話になっていた全セイロン地域社会開発財団のシルバ会長が「素晴らしいものを彫る村人がいる」と誘ってくれた。

国道をおりると車道が消えた。南下すれば、象の群れで有名なヤラ国立公園まで延々と続くジャングルだった。辺りの住民は焼き畑農業に細々と活を求める。所々焼き払われた地所だけが明かり取りの暗い道を数キロ、獣路かと疑う道に折れてまたしばらく行く。と、一軒家がポツンとたつ開墾地が現れた。赤土の壁にシュロの葉の葺き屋根が似合う家を「彼の住処だ」と指すシルバ氏。「彼」を妙に強調して何かをほのめかしたのを不思議に感じた。

ふいの客人に、美しい婦人と二人の男の子がお茶の用意をはじめたころ、「彼」が畑から戻ってきた。サロンという巻き布スカートの上に洗いおろしのシャツをはおりながら、水浴する時間もなかったと詫びる。背が高く、やせているのに筋骨たくましい、一見典型的なシンハラ農夫。だが、顔を見て否と思った。「彼」の目は指導者の輝きを宿し、微笑みには学者の思慮深さがあった。シルバ氏がまるで厳粛な儀式を司るかのように改まって「紹介しよう。カルナラットナ氏。政府のＪＶＰ強制収容所に数年いた人だ」。握手は痛いほど強く、まるで世銀を評価するかのように心持ち長引いたのを思い出す。

「ＪＶＰの党員にまちがわれて捕まった。あのころ、若い者には始終あったこと」と言う。嘘をつけない人らしく、シルバ氏に「俺がわざわざ敵をつれて来るとでも思っているのか」と笑われて、はずかしそうに頭をかいた。別名「ヴィムクティア（解放）・カルナ」。過激派活動最盛期には、泣く子も黙ると恐れられ、党員の敬愛を集めたＪＶＰリーダーの一人だった。

ＪＶＰに参加した動機を問う。「大衆を貧困から救うため」と言う。なぜ武器に頼り暴力に奔《はし》ったのかを知りたいとまた問う。「政治家は口先の約束だけで何もしなかった。ほかに手段がないと絶望した。しかし、シルバ氏が率いる財団の仕事を見て考えが変わった。大切な資源は金ではない。村人が生活向上に一体となって動く団結と、自ら選ぶ貧困対策施行に必要な知識なのだ。政治が悪くても、武力以外に貧困解消への道があると知った」

我らは同志、もう過激な暴力行為には戻らないでほしいと望む私に、彼は黙って手製の地球儀を渡してくれた。世界中の国々と大陸や大洋が色とりどりに塗り分けられ、主要都市の名までていねいに書き込まれてあった。繊細な彫刻に飾られたチーク材の台上にくるくる心地よく回る地球儀を見つめて、泣いた。息子のために夜なべをする彼の心を想って、涙が止まらなかった。

そんな私を慰めるように「解放カルナ」は言った。「人を殺めて勝ち取る富に幸せはない。我が子がそれを教えてくれた」。側に座って父を見上げる息子たちの目が、賢く熱く光っていた。

ジャングルの中の町キリノチに整然と在るＬＴＴＥ本拠での幹部会談を終えた後、革命理論家と名高いバラソンガムが車まで送ってくれた。ふと思いついて、別れの握手に言葉を添えた。「プラバカランの長男が学齢と聞く。その子のためにも平和を祈る」。一瞬、バラソンガムの端正な姿が揺らぎ、理知的な顔がくしゃくしゃに崩れた。カディルガマル氏の声がまた耳奥に響いた。「若気の過ちを正す勇気を革命家に恵む薬。それは次世代の正義感と情熱なのだ」

でも和平は遠すぎる、他に手段はないのかと聞きたいあの偉人も今は亡い。内紛が再度激化する今日[1]、ただ悲しい。

1◆二〇〇六年七月に武力闘争が再発、〇八年には政府・ＬＴＴＥ間の停戦合意が正式に破棄された。二〇〇九年一月、キリノチとジャフナ半島は、政府軍の攻撃に落ちた。

神の試練

［パキスタン］

パキスタン南部のバルチスタン県は、北西にアフガニスタン、西にイランと国境を接し、南はアラビア海に面して七百七十キロの海岸線を持つ。県と言っても国土面積の半分近くを占め、我が国とほぼ同じ広さ。人口は約七百六十万人だから、東京の人口の六割が日本列島に散らばっていると思えばいい。ペルシャ湾口に近いグワダールの良港と海の幸に恵まれ、石油、天然ガス、石炭などの資源も豊富だ。その他いろいろな好条件にもかかわらず、パキスタンで最も貧しく、開発の遅れが著しい。その理由を体験学習する目的で旅したのは、もうひと昔以上前のことになる。

飛行機が着陸体勢に入り右翼を下げた途端、窓にせり上がってきた景色の強烈な美に、ここは月世界かと息をのんだ。確かバッハのフランス組曲だったと記憶にあるが、冴えたピアノの音がはっきり聞こえて不思議に思った。

古代ギリシャ・アレクサンダー大王の軍が遠征したころは森林に被われていたと伝わるが、その名残もない。県の首都クエッタの高原をぐるりと囲む山々は、赤、黄、碧と色とりどりの地層をむきだしにして、まるで大地に重なり落ちた虹のようだった。背後にはヒマラヤ山系の南端トバ・カカール山脈が残雪に輝き、アフガニスタン国境を守るかのようにそびえていた。

地上は見渡す限り砂漠の色だったが、春の息吹はうかがえた。雪解け水に黒く湿りつつある川底。紅をうっすらと装って川岸を飾るアーモンドの白い花。地下水に潤された果樹園の淡い緑。地球は生きていると救われた思いがした。

バルチスタンには、バルチ族を筆頭にパシュトウーン族など数民族が住む。印パ独立前は、大英帝国に属する四つの藩王国があった。サルダーラと呼ばれる藩王たちは、各々封建的な家父長制を掟とする部族の酋長で、農奴の民を家畜同様に扱い、ぜいたく三昧な生活に浸っていた。近代化、特に大衆の教育は農奴の反抗につながると、国づくりには無関心。先見の明などまるでない絶対君主たちだった。十九世紀には、天然資源の永久採掘権利を数百ルピーの年俸で英政府に売る藩王や、せっかくの自治権そのものまでもわずか二、三万ルピーの年金で大英帝国君主に譲る藩王さえあった。

バルチスタンの民にとって、パキスタン連邦に属するのはすなわちサルダーラから解放されることだった。独立国をめざす藩王の運動は、パキスタン独立後も一年ほど続いたが、軍に鎮圧された。道路、配電、潅漑などの開発事業が始まり、サルダーラの威力は徐々に自然死するかと見えたが、彼らの抵抗は根強かった。サルダーラの反近代化活動は藩王国のあった他の県にも見られ、一九七六年にはついにサルダーラ制度廃止法が国会を通過する。その歓びも束の間、クーデターが突発した。軍政権（一九七七～八八年）正当化のため実施された無政党総選挙で、軍は票集めにサルダーラを買収。彼らの威力をよみがえらせてしまう。

以来、民の意を代表すると偽って県どころか国家の政治までをも動かしてきたサルダーラだが、彼らの権力乱用には人を人とも思わぬ醜さがあった。特にバルチスタンはひどかった。サルダーラに反抗する若手の政治家、彼らの悪を告訴する弁護士、果ては県最高裁判事まで、勇気ある人が次々と暗殺されていった。民は「サルダーラの刺客」の仕業と信じるが証拠はなく、あっても抹殺されるばかりだった。

初訪問はそのサルダーラ最盛期。官僚はサルダーラの家系や買収されたよそ者で、警察はマフィア化した政権の工作員的な存在だった。県閣僚のあだ名は「サルダーラ組合」。首相も各大臣も、立派なのは会談後に手渡されるお土産ばかり。何を質問してもちんぷんかんぷんで、会話にもならなかった。ある大臣は、会談で「民が貧しいのは、頭が悪いから」と放言。堪忍袋の緒が切れた。怒りに怒鳴る声も出ず、彼を睨み据えて無言のまま中座した。

うっかり人を信用できない土地柄、政治に見捨てられた人々が信頼するのはＮＧＯのみだった。なかでも特に秀でるバルチスタン農村援助プログラムというＮＧＯの若者たちと、北方高原の草の根を歩き回った。

アフガニスタン国境の山裾に、人里離れてあるヤクブ・カレズ村に逗留した。辺り一面土色のなか、リンゴの花が咲きこぼれて、高原の陽射しがそこだけ柔らかな在所だった。村の名にあるカレズとは井戸のこと。雪解け水が毛細血管のように広がる地下水脈を一本に掘り集める古来の技術に

5カ年計画作成会議の議論をリードするアイヌラ村長

よる井戸で、村の命綱だった。わずかな地形段差を利用して、飲料水は地下洞窟の貯水槽へ、潅漑用水は地上の貯水池へと、冷たく澄んだ水が滔々と流れていた。

数年前のヤクブ・カレズは、零細畜産業に頼る貧村だった。苦労を振り返って村長のアイヌラ氏が言った。

「政治家は賄賂の術が無い貧民の陳情など聞いてもくれない。頼れるのは村人の団結とカレズだけ。細々と村の預金を積み立てながら皆で考えた。換金作物は、どこかで必ず汚い政治に吸い取られる。代々守り続けてきたカレズを資源として、いったい何ができるのかと悩んだ。若い衆が輸出産物ならカラチの実業家が守ってくれると提案した。それでリンゴをやろうと思い立った」

ＮＧＯの若者たちは、資金よりもまず知識がほしいと言うアイヌラ氏の熱意に打たれたと言う。

村人は「世界最高のリンゴ」をめざして日本の「ふじ」を選んだ。村長は「夢など知らない村人の捨て身の決心だったからこそ、夢は大きく膨らんだ」と笑う。無識字の村人と栽培技術を学ぶのは大変だったでしょう、と聞く私を、微笑みながら諭してくれた。「無識字の人は素晴らしい記憶力に恵まれている。だから皆で助け合った。夢と目的がある勉強は楽しいものだ」

出荷を始めてから三年目。収入の一部を村の開発事業にあて、配電が終わり、夜は読み書きを教える成人教室に変身する小学校もできた。女衆が私を囲んで女の喜びを語ってくれた。電化で女子供が健康になった。台所の煙からくる空咳と眼の慢性炎症が治った。次にうれしいのは風呂と便所。「昼も夜も人の眼を恐れて我慢して、下の病気になる女性が多かった。体も心もきれいになって、リンゴは夫婦円満の神様」と笑いこけた。「収穫時には人手がいるから、女も外に出て働けるし、成人教室にも通えるようになった」。女性監禁風習の壁を越えた喜びに、皆の目がそろって美しく輝いていた。

村は開発五カ年計画を作成中だった。男衆が毎晩村長の家で議論を重ねる。その会議を傍聴して感激した。村のビジョンと倫理・価値観が実に明確で、数々の開発事業を選択する基準となっていた。銀行融資の是非に関する資金調達の議論も、レベルが高かった。素晴らしいと感想を述べたら、アイヌラ氏は言った。「神は、無学でも自立心ある者に常識という英知を恵み給う。民の英知の実りを妨げるサルダーラ政治は、神の試練だと思わねば……」

その政治が昨今騒がしい。バルチスタン独立を大義名分とするゲリラ軍が、ガスパイプライン爆破などテロ行為を続ける。バルチスタン統治を重視する連邦政府の反サルダーラ政策に反発してのこと。欲の皮が突っ張ったサルダーラの縄張り争いだ。また始まったとため息がでる。神は、いつまでこの試練を続けるおつもりなのだろう……。

ヒマラヤの橋 ［インド］

副総裁になって困った。それまでは、出張前は委任事項と権限確認の覚書を、終えたらもちろん報告書を、上司に提出していた。副総裁が担当実務部門の最高責任者だからなのか、総裁と出張前後に話はしても、書類提出の規則も習慣もない。考え込んでしまった。金融業は物を作らないから不透明。人を騙しやすい。内部統治を厳しくしないと怖い。最高責任者だからこそ、口頭報告のみではいけない……。

で、日記を出張報告書の代わりにと思いついた。極秘のメモは別扱いにして、部下全員にも配る習慣ができた。部下の家族も読んでくれて「ママ」や「パパ」が「ミエコの日記に登場した」と子供が喜ぶらしく、和気あいあいの職場を築く手助けになった。本書執筆にも大変役に立っている。その旅日記の一日を訳してみよう。

一九九八年五月十七日、日曜日。今朝もまた早起き。日の出前に出発。インド亜大陸を南端から北端へ縦断する。デリー空港で政府差し回しの小型機に乗り換え、北にチベット、東にネパールの国境近くまでいっきに飛んだ。

吹きさらしの滑走路に大木が一本、機体を襲おうと身構えていた。シーク族のベテラン空軍機長が、青いターバンを左右に振り振り「心配無用」と笑う。梢《こずえ》をひょいと飛び越えて着陸した山頂は、ヒマラヤの懐。壮大な景色に天国かと見とれていたら、ドスを利かせた機長の声で地上に呼び戻された。「日没前に帰って来い。命令だ。背く奴はこのど惨めな土地で野宿だぞ！」

ＮＧＯヒマラヤ研究センターの会長が迎えてくれた。世銀が実験的に援助を始めた農村上下水道事業の履行に携わっている。筋金入りのリーダーの目は、腹の底から燃えあがる炎に輝く、草の根の民を想う情熱に光ると、南アジアのＮＧＯ指導者たちから教わった。銅色に焼け、若さを裏切る深い皺に刻まれた高地人の彼の顔にも、その燃える目があった。

めざすはマヤル村。村人が、村の預金と世銀の援助でつくりあげた水道の、落成式に招かれている。波打つヒマラヤの脇腹に、まるで無謀に貼り付けたような軍道が見える。ヘアピンカーブだらけのその道を、チベットに向かって四十五キロ。それから歩いて三キロほどの在所と教わった。

峡谷のむこうの山腹にしがみつくような集落が小さく見えて、カーブを曲がりきったとたん、行く手の路上にばらばらと人の群れがあふれ出た。マヤル村の人々だった。

男衆が「マダムの訪問に興奮して、朝からずうっと待っていた」と、よそゆきのサリーをまとって微笑む女衆を気遣う。ランプの火が揺れる銅盆を掲げた人が、しずしずと近寄る。お清めの火を囲む三枚の小皿に、聖なる物が盛られていた。菜種油、辰砂《しんしゃ》（丹《に》）の朱粉、白米の順に、彼女の親

マヤル村の女性たちが架けた橋

指が私の額に小さな印を塗りつけた。ティカと呼ぶその祝いの印の返礼に「第三の目をありがとう。これでやっと真実が見えるようになったわ！」と村人を笑わせた。

ターン、タタン。タタンタン！

道案内の男衆三人が、首から下げた小さな鼓を打ちだした。ヒマラヤ鼓の澄んだ音は悪霊を払い、渓谷を飛び越え、村に知らせる。客人到来、タン、タン、タン、用意はできたか、タタン、タン！

ヒマラヤ鼓の効果はすごい。その音にうきうき、足は地につかず、心が躍る。善男善女の先にたち、大勢の子供に囲まれて、渓谷へターンタンと飛び込んだ。下り一キロ、登りは二キロ、谷は深いぞ、タタタタタン！

険しい岩路を一気に下ると、手作りの橋があった。あけびか山葡萄か、黒茶の蔓《つる》で組まれた大竹が、岩に支えられている。濁り渦巻く激流に、ゆらゆら揺れるヒマラヤの橋。その美にしばらく見とれてから、ひょいひょい渡った対岸を、空に向かって駆け登った。

マヤル村の入り口に出迎えた長老が、村の「大蔵大臣」ヤンキさんを紹介して、一歩引き下がった。大臣と幹部一同おそろいの、薄手のサリーが風にそよぐ。黄金色の誇りに輝く顔。鉄の意志にすっと天まで伸びる背筋。その姿、ギリシャの女神かと見紛う。

土壁と石壁を組み合わせた小綺麗な民家の間をくねくねと、女神たちに案内されてまた登る。二階建ての一軒の壁が屋根まで白く塗りつぶされ、黒と赤の数字がていねいに書かれてある。「上下水道事業の会計報告よ。透明度を高めるためなの」と微笑むヤンキさん。彼女の目にも、あのリーダーシップの炎が輝いていた。

村人は、裏山に湧く泉を水源に、自然落下を利用して、貯水槽、濾過装置、重力上水道設備をつくりあげた。人口二百人の村に散らばる二十六の公衆便所も建設した。九六年七月に計画を練りはじめ、九七年三月に実行可能調査を終了。機材購入を経て十一月に工事開始、わずか半年で完成した。総工費六十八万ルピーの内、村の負担額は十八万ルピー。頭上にそびえるヒマラヤの尾根を見上げ、そこにあると聞く甘露の泉を想像しながら、村人の勇気と団結と行動力に、驚異の感を新たにした。政府が主導する工事だったら、完成はいつになるだろう、総工費は何倍だろう、「袖の下」にいくら搾取されるだろう……。

祝いの天幕から、女衆の喜びがあふれ出ていた。その端をぐるりと囲む男衆は、相当圧倒された顔。天幕に踏み入った瞬間、女衆の目と私の目が女同士の以心伝心。無事に工事を終えた安堵。春夏秋冬休むことなくくり返す、辛い日課が消えた幸せ。水汲みに費やした半日を、これからこうしよう、ああしようと思い描く楽しみ。世銀のお偉方を見に来たのではない。我らの自信と団結を祝いに来たのだ。さあ、さっさと石碑の幕を落としてちょうだい。配水管を開けてちょうだい！

儀式も祝辞もそこそこに、自家製ヨーグルトをすすり、甘いお茶を飲みながら、女衆の話に耳を傾ける。

「NGOに勧められても、あの人たちは本物か、本心私たちのことを案じてくれるのかと半信半疑。信頼できるまで数カ月かかった。そして、女衆が団結すれば何でもできると思えるまで、また数カ月かかった。それから、男衆を説得するのに半年かかって、やっと私たちの心に自信が湧いた」

「自分を信じた女衆は、天井知らず。シスター、あなたが渡ったあの峡谷の橋は、私たちが架けたのよ。陳情しても役人は空約束だけで動かない。男衆に頼んだら不可能だと笑われた。でも、子供たちは激流を歩き渡って通学する。幾人の子が川にさらわれたことか……。悲しみはもう嫌と、NGOの技師に設計を頼んだ。土地の材料でできる橋を頼んだ。私たちの素手であの橋を架けた。男衆の笑いは、驚きと謙遜に変わった。我らを尊敬するようになった。水道事業にも協力してくれた」

「あの橋以来、毎週日曜日は、村の女の休日よ。え？　家事は誰がするって？　もちろん、男衆よ！」

「日本の男女に見せたい」と言って、男尊女卑の母国を想った。心が沈んだ。社会の発展とは何だろう。経済開発とは何なのか。物があふれて豊かになっても、幸せになるとは限らない。マヤル村の喜びに、学び足りない自分を知った。無性に悲しかった。

日没ぎりぎり滑り込みセーフ。腕を組み口がへの字の機長に、頭を下げて謝った。喜びと悲しみでどろどろの私を察してか、機長は青いターバンを左右に振って肩をやさしく叩いてくれた。

退屈で静かなイノベーション［バングラデシュ］

1　自助自立

二〇〇六年、バングラデシュのグラミン銀行と、創立者ムハマド・ユヌス氏が、ノーベル平和賞を受賞した。驚いた。

英国の『エコノミスト』誌（十月二十一日版）が、Face Value（額面価格）という欄で、この受賞に触れている。活動規模や刷新的な活躍でグラミン銀行と肩を並べるバングラデシュの機構や「世界に五万とある」ミクロ金融業に言及し、どれひとつ特筆するのは不公平だと述べている。ユヌス氏を「ミクロ金融の最もカリスマ的なチアリーダー」と評し、ミクロ金融の歴史は古いが、「（氏は）明らかに、貧民相手の金融業の産業化に貢献した」との見解。さすがエコノミスト誌、よく見ていると思った。

同誌はまた、ミクロ金融業界は大きな過渡期にあると指摘。自主的な業界規制体制を設立して資本源を広げ、業務処理に最新技術を応用し、コストを下げる必要があると記して、こう結んでいる。「手短に言うと、（ミクロ金融に）必要なことは、残念ながら賞などはもらえないけれども、ダイナミックな産業が必然とする退屈で静かなイノベーションである」。お見事となった。エコノミスト誌が得意とする英国風の品の良い皮肉に、そう言えば、その「退屈で静かなイノベーション」を勧めてグラミン銀行に嫌われたこともあった[1]と、苦笑した。

担保などない貧民に金を貸し、預金を促し、保険の性格を持つ商品なども提供するミクロ金融。近代金融史上、その歴史は、信用組合の歴史の支流と考えるのが正しい。発祥の地はドイツ。バングラデシュではない。

信用組合の開拓者は、産業革命の十九世紀中頃、資本主義と市場崇拝に偏る政策が生んだ格差社会に怒りを抱いた二人のドイツ政治家だった。彼らの「発明」は、貧困に苦しむ人々の自助自立精神を金融業の信用につなげたこと。発明の源は、民の目を通して問題を見極め、民の観点から解決策を考える、謙虚な政治姿勢だった。権力を捨て、名声を追わず、まさに「退屈で静かなイノベーション」に生涯をかけた偉人たちだった。

産業革命の影響でギルド（同業組合）制度が崩れたドイツでは、中小企業が破綻し、生活の術を失った人々が急増して、都市がスラム化していった。貧困に苦しむ人々や高利貸しの横行、同胞の苦境に心を痛め、冷ややかな資産階級に激怒し、格差が広がる母国を憂いた国会議員がいた。ヘルマン・シュルツ＝デリッツ氏（一八〇八〜八三年）が、その人。貧民に自立の道を開こうと決心、政界を退き、一八五〇年にVorschussvereine（人民銀行）という共済組合を創立した。資金源を裕福な

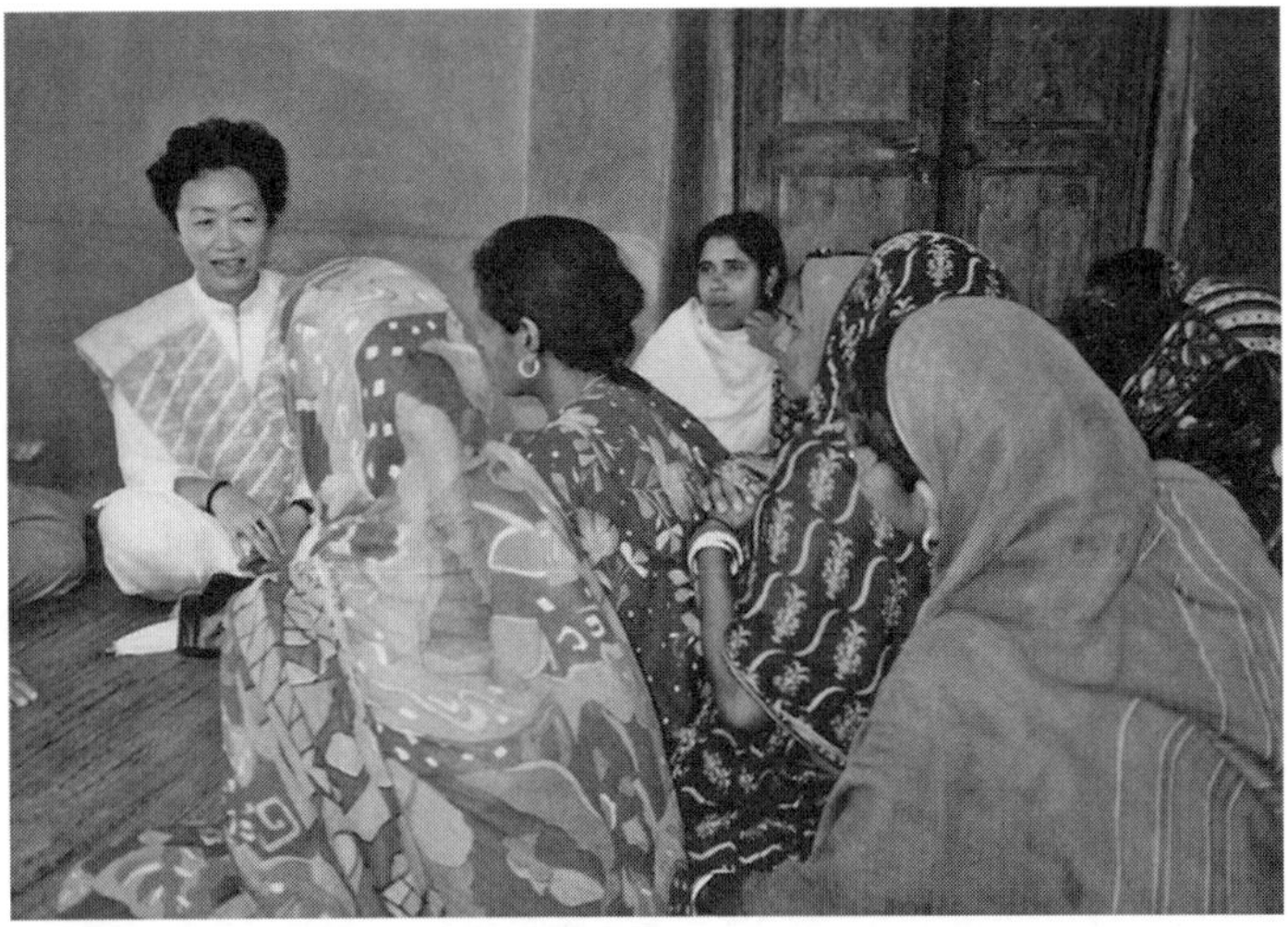

バングラデシュのミクロ金融グループを訪問した筆者

人々に求めて貧民に貸すという形をとったにしろ、信用組合の原型が動きはじめた。

　人民銀行は、ドイツの都市から都市へと電光石火のように広がり、都会の貧困解消に大きな成果を収めた。氏自身が手がけた組合だけでも一千九百行に及び、約五十万人の組合員を数える大組織となった。シュルツ-デリッツ氏は、ドイツ共済・信用組合法の制定（一八七一年）にも貢献した。

　人民銀行が動きはじめたころ、ライン川沿いの田舎町に、フリードリッヒ・ウィルヘルム・ライフェイセン（一八一八〜八八年）という町長がいた。敬虔なキリスト教徒だった氏は、ライン流域の農民のひどい貧しさに心を痛め、学校教育、就職斡旋、金銭的援助など、いろいろな救済活動を続けていた。しかし活動の成果と持続性に疑問を持ち、都会のスラムで成功した組合活動を農村に応用できないものかと、シュルツ－デリッツ氏に教えを請う。

意気投合した二人は、人民銀行のモデル改良を考えた。農業とは、大自然を管理する事業。商工業では想像もつかぬほど高いリスクを負う。だから、民族や貧富の差を超えて、農民の自助精神には頑固な誇りがあり、彼らの自立精神には超人的ともいえる力がある。両氏はそこに視点をあてた。後日、この視点そのものが、ミクロ金融の実践哲学として、多くの発展途上国に生き続けるようになる。

二人は、組合員の農民を株主とし、彼らの内から選ばれたリーダーたちが経営に携わり、組合員の貯蓄を促し、全員が個々組合員への信用融資リスクを共有する金融体系を考えた。現代ミクロ金融業は、両氏が編み出した体系を基本として受け継いでいる。

ライフェイセン氏は、特に組合の人材育成と指導者養成に力を入れた。自助自立の初心を忘れぬ組合員の団結と秀でたリーダーシップを育むことが、優良な金融業としての成長につながると考えたからだ。今日、多くの発展途上国で活動するミクロ金融界には、優秀な金融業として自立し貧困解消に成果を挙げている組織もあるが、残念ながら多くは公私援助や補填に頼り持続性に欠ける。ライフェイセン氏の信念はミクロ金融業のよしあしを見極める鍵を明確に示している。

一八六四年、農民の自助自立精神に基づく信用組合第一号が誕生した。ライフェイセン氏が生涯をかけた組合の成長と成熟は目覚ましかった。全国信用組合同盟を組織するまでとなり、組合を株主とする共済銀行さえ創立した。ドイツ農民の貧困解消に大きな貢献を残したことは、言うまでもない。

ドイツでの成功は、欧州数カ国に信用組合運動を起こし、大西洋を越える。まずカナダのケベック州に根づき、二十世紀初頭には米国へと飛び火。貧民にたかる高利貸しに憤りを感じていたボストンの実業家や弁護士らによって組織化され、米合衆国の州から州へ次々と合法化されていった。

移民国で農業国の米国のこと。自助自立精神が旺盛な国民性が土壌となり、信用組合は大発展を遂げた。ちなみに、市中銀行から疎外されがちな外国人が多い国際通貨基金（ＩＭＦ）と世界銀行にも、古くから両姉妹組織が共有する職員信用組合がある。世界銀行そのものが、加盟国国民の「共済・信用組合」という金融体系をとることも手伝って、特に世銀職員は組合運営に熱心だ。私もリスク管理などに「うるさい」株主の一人で、世銀は辞めても組合は辞めない。優秀な運営を持続するよう目を光らせている。

信用組合が発展途上国に渡った経路は、定かではない。大英帝国時代のインドで初めて応用されたという説もある。だが、金融業として育ったのは、バングラデシュに相違ない。

その種をまいた人は、あの国の南東部コミラ県にあるバングラデシュ農村開発アカデミーの初代総長アクター・ハミド・カーン博士（一九一四～九九年）だった。六〇年代の初期、ミクロ金融をコミラ県の農村開発実践研究の一手段に応用して、大成果を収めたのが始まりだった。

博士はケンブリッジ大学で学び、米国のミシガン州立大学にも留学した。ミシガン州は、信用組合活動が最も盛んな州の一つ。州立大学の学生・職員信用組合の歴史も古い。生前の氏に聞いておけばよかったと悔やむが、留学時代に信用組合の応用を着想したのだろうと推測する。

　カーン博士も、権力を捨て、名声を追わず、「退屈で静かなイノベーション」に生涯をかけた人だった。

2　社会的資産

　バングラデシュを初めて訪れたとき、東南部のコミラ県に逗留して草の根を回った。北のブータンと東のビルマとの間に、インドがまるでバングラデシュを抱きかかえるように細い腕を伸ばしている。農民は国境などおかまいなし。見渡す限り稲の波打つ中、草とりの女衆が競う両国の民謡が、碧いそよ風に流れていた。

　アクター・ハミド・カーン博士のことを詳しく教えてくれたのは、コミラの村人たちだった。ケンブリッジ大出たての博士が、英領インドの国家公務員として東ベンガル州（当時）に派遣されてきたこと。一九四三年の大飢饉対策で心ない政府に怒り、辞職したこと。その後しばらく故郷に戻り、日雇い労働の仕事や錠前師をしながら貧困を体験学習したこと。コミラに設立された農村開発アカデミーの初代総長に就任するや、周辺の在所を歩き、「寝食を共にし、我らの話に耳を傾けてくれた」こと。だから「我らの自立精神を信じてくれた」こと。七一年、対パキスタン独立戦争に勝ったとき、パキスタン国籍の博士が去る悲しみで、母国の独立を祝う気になれなかったこと……。
どの家にも博士の写真が掛けてあった。まるで祭壇のように飾り、野の花を絶やさない家もあった。村人は「博士の信頼を裏切るな」を合言葉に三十数年間、ミクロ金融を続けてきた。一世代前までは餓死を恐れた人々が「子供を大学へやる余裕がある今が夢のよう」と、目を輝かせて語ってくれた。

パキスタンに落ち着いた博士は、カラチ市郊外のオランギ貧民街に、残る人生をかけた。アフガニスタン難民や、全国から職を求め流れ来る人々が住みついたオランギは、下水垂れ流しの無法地帯だった。汚水は路地に遊ぶ子供の体を害し、井戸を汚染して住民を苦しめた。博士は、地域下水道事業を軸とする住民自立活動を手がけた。住民の共済組合精神は、きれいな街に住みたい夢の共有と団結を促した。地区ごとにリーダーを選び、組織を作り、資金を出し合い、路地の改善が始まった。活動は貧民街の地区から地区へと広がり、排水網を延ばしていった。今や国際援助界がモデルと讃える、オランギ・パイロット・プロジェクト[2]だ。政府や国際機関の援助は自立精神を冒すと断り、民間の同志に細々と支えられての成功だった。

博士を訪ね、オランギにホームステイしたとき、ここが貧民街かと我が目を疑った。ちりひとつない清潔さはもとより、肌に感じる家族の和と地域社会の和が美しかった。犯罪が消え去った空間に、住民の誇りが生きていた。

アクター・ハミド・カーン博士
（写真提供：AP Images）

ファズル・ハサン・アベド会長
（写真提供：BRAC／東京財団）

成功の鍵は「人材育成と指導者養成。住民の内から優れたリーダーを発掘し、自発的な団結を育むこと」と博士は言った。信用組合の元祖ライフェイセン氏と同じ考えだと言うと、「信用組合の健全は、組合員の社会的資産のよしあしで決まる。それを見抜いて実行に移した彼は偉い。理論は簡単でも実践は芸術。難しいことだ」と微笑んだ。「優秀なミクロ金融業が投資する社会的資産を学びなさい。BRAC[3]（バングラデシュ農村進歩協会）の活動を見るといい」と教えてくれた。

BRACの創立者、ファズル・ハサン・アベド会長（一九三六年～）は、カーン博士の紹介を子供のように喜んだ。シェル石油で財務幹部職にあった氏の人生は、独立戦争で一変した。シェルを辞め独立運動に参加。終戦直後の七二年には私財をなげうってBRACを設立、難民の救済活動に没頭した。活動は救済から戦後復興につながり、復興から開発事業

グラミン銀行に属するミクロ金融グループを訪問した筆者

へと成長していく。
「世界にインスピレーションを求め、国家規模で考え、草の根で働く」がモットーのＢＲＡＣは、今や世界最大の非政府機構のひとつ。九万人以上の職員が、全国六万五千の農村と四千以上の貧民街で活動し、推定約一億人の生活向上に影響を与えてきた。大組織の分権化は隅々まで整然と行き届き、ビジョンと価値観を頭とハートで共有する、柔軟かつ手堅い管理体制があった。世銀もこうあるべしと、感動した。
組織の大黒柱は、総数十六万を超える信用組合で、ほとんどが女性から成る。組合を管理運営する女衆のリーダーシップには感激した。数年前までは家にこもり無識字だったというその一人は、客人には「顔を隠して震えるばかり。あなたのような人と対等に話などできなかったわ」と笑う。読み書きを習い、演説の訓練を受け、金融の基礎や会議の進行方法などを学んだという彼女は、ＢＲＡＣ指導者養成塾の卒業生。ミクロ金融の成功と持続性は、各組合員の自信とチーム精神で決まると言った。

百円未満の融資で求めた卵から養鶏工場を成した彼女は、村の推薦で地方自治体選挙に出馬する予定。「それよりも、義母や夫や子供たちに尊敬される人間になったことがうれしい。嫁いびりも夫の飲酒や暴力も、今は昔の思い出よ」と、旦那と一緒に笑っていた。ＢＲＡＣが築く「社会的資産」は、このような組合員。彼女が例外ではない。

ある離村の組合幹部と、ミクロ金融運営の詳細を深夜まで話し込んだとき、世界銀行も同様な組合だと言うと、リスク管理や規制体制の説明を頼まれた。女衆の質問は的を射て、批判は厳しかった。「そんなことをしていたら危ないわよ」と叱られた。世銀の理事会に入ってほしいと笑ったが、お世辞抜き。本気でそう思った。

組合員の「社会的資産」への投資は、ＢＲＡＣ成長の源だ。その「資産」の成長と共に発生する多様なニーズを迅速に提供することが、貧困解消と組織全体のダイナミックな成長につながる。高度な「社会的資産」がＢＲＡＣに要求する教育や保健衛生などの社会事業は、水準が高い。世銀の部下を、ＢＲＡＣ大学研修センターに送り込んだこともある。乳製品などの食品製造業や、女衆が織る草木染めの木綿や絹地のブランド・ファッション化にも成功。組合員すなわち株主を市場につなげる企業収益は、ＢＲＡＣ財団に還元される。金よりビジョンと価値観の共有をと、援助機構や寄贈者を厳選し、政治介入を危惧し、政府の財政支援は受けない。

累積融資額約三十四億ドル（〇六年六月決算）のＢＲＡＣミクロ金融は、経費を融資一ドル当たり六セントに抑え、世界最低と言われる。財源自立率は八割近くで、これも世界のミクロ金融業界に類のない高さだ。組合員の成長が生むニーズの多様化を受け、中小企業専門のＢＲＡＣ銀行も設立された。

一九九八年の夏、史上最悪とも言われる大洪水がバングラデシュを襲った。モンスーンで膨れた河川が満月の高潮と衝突、国土の大半が水没した。返済率がほぼ完璧でなければ続かぬミクロ金融業のこと、心配した。緊急調査を終えた専門家曰く「公認会計士の監査を受けぬどころか、財務諸表非公開の機構がほとんどだから、確かではない……が、社会的資産の優れた機構は大丈夫だろう」。しばらくして、グラミン銀行が政府から資金の補填を受けるとの報告に、三つ指敬礼を合図にまるで軍隊のようなグラミン会員の女衆を思い出した。

途上国では、ミクロ金融業の規制体制がないに等しい。世界に先駆けて自主的な体制を整えようと、今、バングラデシュのリーダーたちが活躍している。その「退屈で静かなイノベーション」が、貧民のため、国づくりのため、そして世界のインスピレーションとなる日は近い。名実共に世に誇る発展を期待してやまない。

1◆ムハマド・ユヌスは開発援助のあり方をめぐって一時、世銀と対立。世銀からの低利融資を断った。
2◆オランギ・パイロット・プロジェクト（ＯＰＰ）：一九八〇年に始動。八八年以降、下水・住宅、保健、金融を扱う三組織に分化・発展。http://www.oppinstitutions.org/
3◆ＢＲＡＣ　http://www.brac.net/

マレが燃えている

［モルディブ・ブータン］

船が埠頭を回って闇色の海を蹴った途端、息をのんだ。マレが燃えている。

モルディブ共和国首都マレ島の夜空が、血の色に染まりつつあった。暴徒が放ったらしい火が風を呼び、その風にまた煽られて、黒煙と火の粉が舞い上がる。右往左往する影法師は警察官か、逃げまどう若者たちか……。思わず叫んだ。「死んだらだめ、逃げて！」ふと船足が落ちた。となりの島へと舵をとる船長の肩が泣いていた。

二〇〇三年九月二十日。世銀退職のあいさつ回りにマレ入りした日のことだった。その日早朝、無人島にある刑務所で一人の若者が獄死した。悪質なせっかんが原因だった。彼の死を引き金に囚人が暴動をおこし、武装した警備団と衝突。三人の囚人が銃殺された。一連の「虐待」事件を聞き知ったマレの若者たちの怒りは爆発。彼らは、警察署や裁判所、国会を襲い、大統領選挙を控えた選挙管理事務所に火を放った。

夕方近く、迎賓館で大蔵次官と雑談していたとき、暴動の知らせが入った。避難を促す次官に「暴徒も世銀の株主。ここに来たら話を聞きたい」と我を張った。頑固な私を知る彼があきらめかけたころ、大統領専用船の船長が「閣下の避難命令です」と駆けつけた。同伴していた夫に「皆に迷惑をかけるな」と意見され、いやいや腰を上げたら「大統領に反発しても、ピーター（夫）の言うことは聞く」と次官が笑った。

夕涼みにそぞろ歩く人々で賑わうはずの街が静まり返っていた。戦闘装備に身を固めた警察官の黒い影だけが不気味に動いている。マレは一・七平方キロの小島。なのに、動乱はどこなのか音ひとつ聞こえない。夕凪に貿易風がぴたりと止んだ。天も息をのんで見守っていると感じた。

モルディブ共和国は、ブータンと並んで世界銀行の優等生。社会経済政策と開発事業関連の行政が良く、海面上昇問題を除けば手のかからない国だった。国民平均所得は約三千ドルと高いが、高成長と共に悪化する所得格差が心配だった。それで離島の視察を重んじたから（一一二頁参照）マレに関しては勉強不足だった。

マレのど真ん中に潜む「リスク」に気づいたのは、初訪問から数年後だった。離島巡りを終え、いつものようにガユーム大統領に視察報告をしていたとき、ふとしたことからコーラン（イスラム経典）の話になった。イスラム法の修士を持つ彼が特に好む英訳コーランを、私も暗唱するほど愛読していたことから話が弾んだ。家族にも会ってくれと、官邸に招かれた。

マレの人口密度は平方キロ当たり約五万人。都会の人口密度では世界一で、東京都の九倍に近い。一般市民にとって住宅難は大問題で、マレはコンクリートのジャングルだ。そのジャングルの一画に、そこだけ空が見える敷地がある。高い塀が通行人の視線を遮断していた。大統領官邸だった。

ガユーム大統領に「最後のお役目」を話す筆者。左は夫のピーター・ウィッカム氏

仰々しい鉄門を入ると別世界があった。車寄せの前庭にこんもり繁る熱帯樹。この庭にいったい何家族が住めるのかと目算した。大理石がシャンデリアに光る玄関広間。効き過ぎた冷房に暖炉がおろかしい控えの間。ワシントンの自宅がすっぽり入る大応接間。次から次へと展開する贅沢に、ＩＭＦ（国際通貨基金）がこの官邸の建築費用に文句をつけた事を思い出した。煮えくり返る腸《はらわた》をなだめながらの午餐のことは、まるで記憶にない。

官邸を出るなり散歩を口実に車を帰した。日暮れまで住民街を狂ったように歩き回り、きっかけを見つけてはお茶に「誘われ」た。路上に遊ぶ女の子に手を引かれて踏み入った路地は、体を横にしなければ通れなかった。奥の階段を上ると十平方メートル程のアパート。便所も風呂も台所もないその部屋に、三世代家族七人が重なりあうように住んでいた。貧民街ではない。マレ中産階級の生活がそこにあった。茶をふるまってくれた母親が、窮屈な接待を謝り、悲しく笑った。

「マレではこれでも恵まれているほう……鼠の穴みたいでしょう」

ブータンのある指導者との会話を思い出した。他の途上国と違わず、ブータンの人口成長率は高い。国連機関が成長率を下げよと提言するのが「解せぬ」と、彼は笑った。

「国家発展戦略の課題は人口成長率ではない。人口密度だ。低すぎると、我が国のように国民一人当たりのインフラ整備費用がかかり、苦労する。高すぎると、民は繁殖しすぎた鼠のように、ストレスや摂食障害、精神病、暴力に悩むだろう。豊かな自然と程よい人口の地域社会に恵まれて、人間らしい生活を営む空間があるはずだ。科学的な数量化は不可能でも、我が国は、その最適人口密度を摸索していく」

老子の理想郷「小国寡民」を連想させる言葉だったが「むずかしい」と彼は続けた。

「原因を見極めずに政策は成らず。我が国の農民は、子沢山は老後の生活保障のためだと言う。少子化の傾向がある都会人は、拡大家族から離れ、子育てが大変だからと言う。これをどう考えるべきか……」

しかし彼は言い切った。

「今の自分にわかることは、ただひとつ。安心して子を生める環境は、民の幸せと次世代の形成に響き、国を変える。その環境を整える公の役割を究め、行政に生かす努力を欠かしてはならない。

怠る者に、国を治める資格はない」

帰り道、慣れない町に迷いつつ「鼠の穴」のことばかり考えていた。モルディブとブータンが抱える問題は違う。しかし鼠の生活を営む市民をしり目にあの官邸に住む人に、この「国を治める資格はない」。ブータン人の口癖が頭をぐるぐる駆け回った。「答えはまだでも真剣に考える政治姿勢がある。だから我らに不安などない」

その晩、気心の知れた「同志」らとの食事で、散歩のことを打ち明けた。彼らにもあのブータンの指導者と同じ心配があった。公衆衛生専門の一人がマレ市民は「繁殖しすぎた鼠」同様、特に若い世代が心配だと言った。「ストレス系精神病や同暴力」の件数が異常だとの調査結果もあると言う。なぜ政治問題にならないのか、皆で教えてくれた。政党なしの民主制はすなわち一党制。その国会が大統領候補を選び、対立候補なしでの国民投票だから、独裁制と同然。[1] 独裁者に民の声は届かない。一九七八年以来再選され続けるガユーム大統領政権は、国民が欲する政治改革を怠ってきた。母国を憂う彼らはつぶやいた。

「このままでは、いつか何かが爆発する。マレの鼠の穴でね」

暴動は幸い死者を出さずに鎮まり、翌日、大統領へのあいさつにマレに戻った。

不快な思いをしなかったかと案じる大統領に、良い勉強をさせてもらったと礼を述べ「来るべき時が来ましたね」と続けた。

「昨日の若者の怒りは、一世紀前の英国人アクトン卿[2]の戒めと同じこと。『権力は腐敗する傾向を持ち、絶対権力は絶対に腐敗する』。指導者は神ではなく、ただの人間なのだから、閣下でさえ要注意。優れたリーダーなら、自ら進んで反対意見を求めるはず。それが良い民主主義の髄、健全な国づくりに不可欠なものです。政治改革の時が来ましたね」

同席した「同志」の一人が泣いた。最後のお役目無事終了。ほっとした。

1◆モルディブでは一九七八年以来マウムーン・アブドル・ガユーム大統領が長期にわたって政権を握り、議会も与党一党の独占状態が続いた。二〇〇三年の大統領選後に民主化運動が過熱、複数政党制の導入に至る。二〇〇八年の大統領選ではモハメド・ナシードが当選し、ガユームの長期政権は終わりを告げた。

2◆ジョン・アクトン（一八三四〜一九〇二）：イギリスの思想家・政治家。男爵。自由主義を唱え、フランス革命を批判した。

白い革命の夢［インド］

1　ミルクマン

一九六〇〜七〇年代にかけてインドの穀物大増産を成した「緑の革命」を知る人は多い。持続可能な農業開発に悪影響を与えたと指摘され反省面も多いが、くり返す飢饉や食糧難からインドを救ったとも評価される。

緑の革命は、四〇年代、ロックフェラー財団がメキシコ政府の農村開発計画に参加したのが始発点。財団は、品種改良などの科学技術開発とその応用を直結し、メキシコの穀物生産性を急速に上げた。後にフォード財団などが協賛し、その活動はアジア諸国へと広がっていった。多収性品種の開発で緑の革命を可能にしたノーマン・E・ボーローグ博士は、世界史上最も多くの人命を救ったとして、七〇年にノーベル平和賞を受賞している。

緑の革命と同じころ、「白い革命」がインドに旋風を巻き起こしていた。牛乳の色のその革命を、知る人は少ない。

インドは、今や米国をしのぎ、世界一の牛乳生産額を誇る。白い革命の成果のひとつと言っても大げさではない。長年、EU（欧州連合）や、FAO（国連食糧農業機関）、WFP（国連世界食糧計画）などの援助と共に、世界銀行の大型融資を受けた酪農業発展事業だ。インド政府も、関与した国際援助機関も、プロジェクト型融資の成功例と評価したが、そうは思わない。他の機関はともかく、世銀には、いたく恥ずかしい失敗がひとつある……。

話は大英帝国インド時代にさかのぼる。インド亜大陸の西端、北回帰線の南側に、アラビア海に面するグジャラット州がある。沿岸地域以外は厳しい気候の土地で、干ばつと洪水が頻繁に訪れる。やせ細った土壌や潅漑設備の未整備で、今日でも州の農作物生産性はインド最低と言われるから、当時の農民の貧困と苦労は、想像に絶する。

グジャラット州の中央にカイラ（別名ケダ）という県がある。安定した現金収入への術が限られたカイラの農民にとって、牛乳は重要な収入源だった。しかし冷蔵設備などない時代のこと、仲買業者は腐りやすい牛乳を売らねばならぬ農民につけ込み、暴利を貪っていた。仲買業界の談合で各業者が村別に独占していたから、農民には手も足もでなかった。

インド独立のころのこと。汗水たらして働いても、ただ同然に値切られる状態に業を煮やしたカイラの農民は、土地の長老に助けを求めた。州の有力者でもあったその長老、ヴァラバイ・パテル氏は、自宅の庭の木陰に集まった農民の陳情を聴き終えると、静かにこう言った。「君たち農民に自助自立の意志がない限り、私にも市場の悪状態を変える力はないのだよ」。パテル氏のこの言葉が農民を鼓舞し、歴史を変えたと言い伝えられる。

農民は知恵を出し合った。自分たちが団結すれば、売り値の交渉ができると気づいた。いつの世も、捨て身になった民の行動は速い。農民を卑下し、彼らの運動を鼻であしらう仲買業界は、汚い手段を駆使して反撃するが、草の根の団結は崩れなかった。ある日、堪忍袋の緒を切らした農民の集団が「苦労をただで売るよりも、大地を肥やしたほうがよほどまし」と、仲買業者の目の前で牛乳を一斉に捨て流した。この事件をきっかけに広がった「捨てよう」運動に、ついに仲買業界は屈した。

パテル氏の後援を得た農民は、四六年、カイラ牛乳製造者共済組合を設立。組合工場を建て、二年後には、一日につき五千リットルの殺菌牛乳を製造するようになる。

インドを初めて訪問したとき、乳製品が豊富で美味しく、安心して食せるのに驚いた。特に「インドの味」と国民に親しまれるアムル（Amul）ブランドが美味しい。そのアムルこそ、カイラ牛乳製造者共済組合が成した会社なのだ。二百五十万人の農民組合員を株主として、一日平均五百万リットルの牛乳を収集、数々の乳製品を製造している。年間約九億ドルの収入をあげ、近年は東南アジアや中近東、米国、オーストラリアに輸出もしている。

片田舎の農民共済組合をここまで大きくしたリーダーは、ヴェルギース・キュリエン氏（一九二一年〜）。インド人がMilkman of India（インドの牛乳屋）と親しみを込めて呼ぶその人は「白い革命の父」としても知られる。

ラル・バハドウル・シャストリ首相
(写真提供：AP Images)

ヴェルギース・キュリエン氏

物理学と機械工学を学んだキュリエン氏は、インド独立直後、国家公務員の職につき、グジャラット州の国営乳製品会社に技師として派遣された。やりがいのない仕事にあきあきしていた若い技師は、カイラ牛乳製造者共済組合に出会う。農民の自助自立精神に感銘を受けた氏は、組合の工場建設のために無償で働いた。組合員の厚い信頼を得た氏が、公務員を辞職し組合幹部となるのに、時間はかからなかった。

白い革命は、一人の政治家とキュリエン氏の出会いに始まった。共済組合の活躍を知った当時のラル・バハドウル・シャストリ首相(一九〇四〜六六年)は、晩年、グジャラット州アナンド市にあるアムル本社を訪れた。

後日、目を丸くして聞き入る私を笑いながら、キュリエン氏が首相訪問の思い出を話してくれた。組合員の活動現場を視察して感激した首相は、当時アムル会長だったキュリエン氏の自宅に荷を解くなり、尋ねた。「君の魔法はいったいなんなのだね」。「僕に聞いても無駄ですよ」と、氏は笑った。「我が株主の農民に問うことです。農家で一晩でも過ごせばすぐわかることですが……」。すぐさま「案内してくれ」と腰をあげた首相に、さすがキュリエン氏も「仰天した」と言う。

日が落ちるのを待って、首相とキュリエン氏は裏の勝手口から忍び出た。カイラの農民は、ふいの客人を驚きもせず迎えたという。女衆は自慢の手料理を持ち寄り、男衆は薪を持ち寄って、星空の下、首相と焚火を囲んだ。善男善女は夜の更けるまで語り続けた。

「はじめは仲買業者の暴利を消すことが夢だった。けれど今は違う。アムルには、原料の牛乳を供給する我ら株主の誇りと幸せがかかっている。消費者が安心して買える商品でなければ、我らの信用に傷がつく。酪農業の近代化から乳製品の製造販売まで、一貫して品質衛生管理が行き届き、効率の良い会社でなければならない。プロフェッショナルなマネジメントを雇い、しっかりした経営をするのが大切。株の売買や配当で暴利を得るのは、今ある安定した生活の基礎を食う。それよりも、この事業を永遠に持続するための知識と設備に投資を惜しまない……」

「一部の株主が豊かになっても、組合員全体が同じように豊かでなければ幸せはつかめない。だから、アムルの利益の一部を村全体の開発事業にあてるのだ。学校を建てた。病院も建てた。上下水道も村道も整備したし、獣医も雇った。大学を出た子供たちが都会に残らず帰ってきて、豊かな村づくりに参加するようになった……」

その夜、シャストリ首相はそのまま農家に泊まった。明け方、迎えに戻ったキュリエン氏を見るなり、首相は言った。「夢をみた。この成功をインド全国に広げてくれ」

六五年、キュリエン氏を会長に迎えて全国酪農開発委員会が設立された。白い革命が旗を掲げた。

2 古傷

一九七〇年、「白い革命」は三つの目的を掲げて動き出した。一、牛乳の生産を「白い洪水の如く」増やす。二、農民の現金収入源を広げ、貧困解消につくす。三、正当で安定した乳製品価格への市場インフラを整える。「洪水作戦」とも呼ばれ、夢を追うのかと笑われた。

白い革命は今も続く。その夢を笑う人はもういない。革命前の牛乳生産量は年間二千万トン前後で輸入に頼っていたインドが、一億トン近い世界最高生産量を誇る乳製品輸出国となった。

この飛躍を可能にした原動力は、グジャラット州カイラ県の組合をモデルに組織された全国約十万の牛乳製造者共済組合。約一億三千万人の農民が、組合員として活動する村々の貧困解消に、著しい成果を上げている。革命は、牛乳収集設備や製造工場、酪農業近代化などへの投資で乳製品生産能力を上げげた。全インド市場の確立と平衡をめざしてNational Milk Grid（全国牛乳網）もつくりあげた。牛乳専門の運搬トラックや鉄道輸送車両を設け、市場状態を把握し監視する様子は、まるで全国配電網の管制塔のようだ。

戦後、食糧難のインドは、多額の食糧援助を受けた。しかし現品援助は市場価格を下げ、被援助国の農産業発展を抑えるリスクをはらむ。すでにインドで起こりつつあるリスクだった。全国酪農開発委員会キュリエン会長は、そこに目をつけた。欧州経済共同体（当時）から国連世界食糧計画を介してインドに贈られた粉ミルクとバター脂を市場価格で売れば、リスクを解除し、白い革命の大資金源となる。夢をみるなと笑われ、援助を商売にするなと反対された。しかし確信したらとことんまでやり抜く会長は、夢を現実にした。世界銀行は、この資金源が減少した八〇年から約十五年間多額の融資をした。

副総裁になってすぐ、白い革命の歴史を勉強して、ひとつ気になることがあった。最後の融資には未完成な事業が残っていたのに、世銀との関係が突然断りなしに切られている。

おかしいと首を傾げていたら、キュリエン会長から世銀の再協力を望むとの伝言が入った。八十歳に近い氏のこと、引退したとばかり思っていたので驚き、そして心配になった。強いリーダーによくある欠点は後継者を育てないこと。指導者の去った後、組織が崩壊することは少なくない。まず組織の持続性を見極めようと、旅に出た。

灼熱とはこのことか。モンスーン待ちの五月、グジャラット州は華氏百度（セ氏約三十八度）をはるかに超えていた。車の冷房などまるで効かない。窓を開ければ熱風と赤土の埃に悩まされる。水

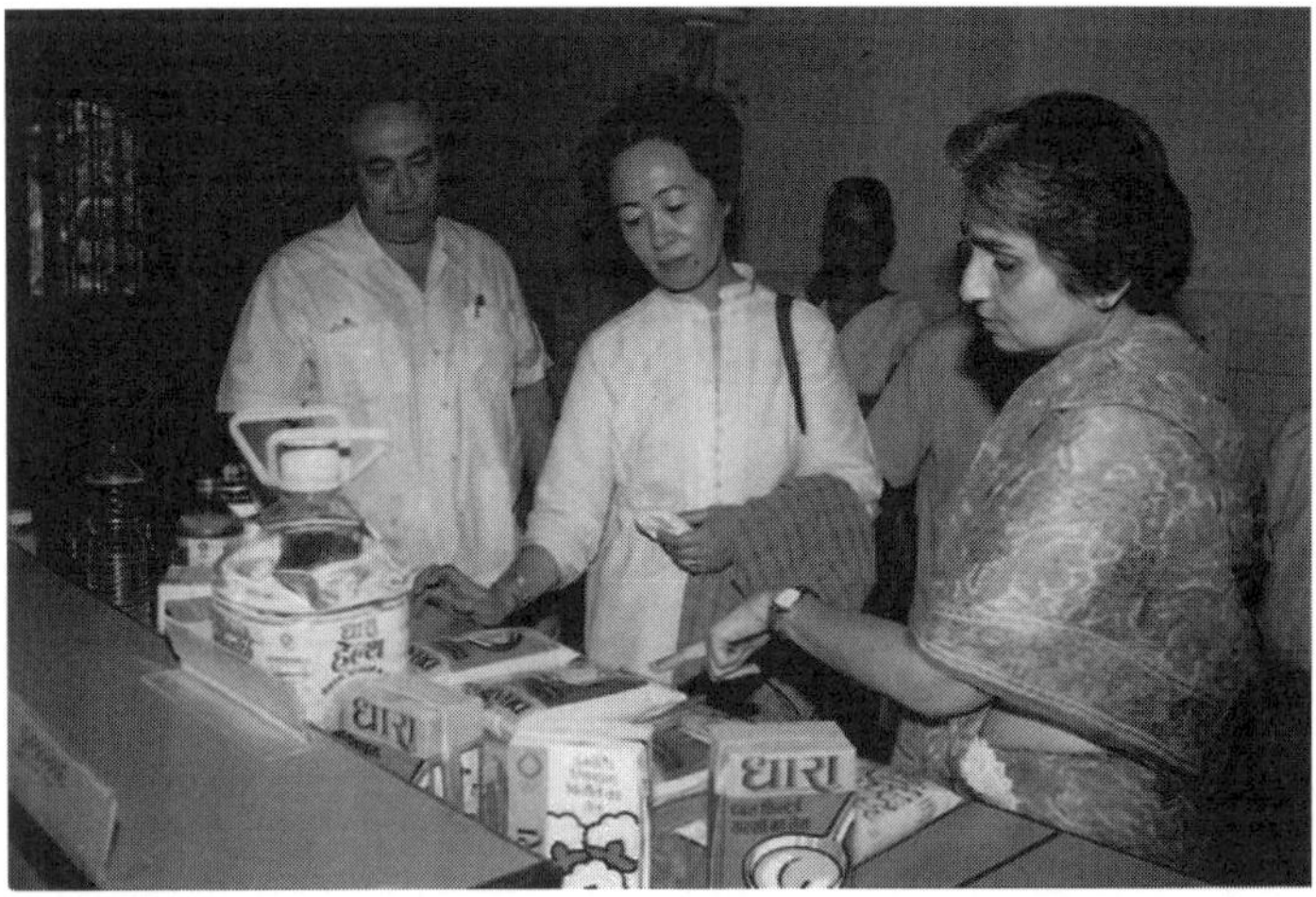

パテル博士（右）からアムル社の製品について説明をうける著者

を浴びるように飲んでも脱水初期症状の微熱が続く。人の住むところではないと思った。

全国酪農開発委員会の本部は、アナンド市の郊外、アムル本社の敷地内にある。正門を入るとまるで大学の構内だった。うっそうと茂る熱帯樹の林間を渡る微風が涼しく、生き返った心地がした。木陰のせいか、土壁と赤煉瓦のおかげか、荷を解いた冷房なしのゲストハウスも、涼しかった。

よりいっそう冷え込んだのは、その晩のこと。全国酪農開発委員会の常務取締役アムリタ・パテル博士との会食だった。九八年五月末の旅日記を繰るとこうつづってある。（以下日記引用）

会うまでは、皆がパテル博士と呼ぶその人を男性だと思い込んでいた。博士や副総裁の肩書きからいつも男にまちがわれて、そのつど頭にきていた自分が恥ずかしい。淡い色調のとろけるように柔らかいシフォンをサリーにまとった博士。理性輝く美しい人だった。

第六感が訪問目的に重要な二つのことを察知するのに、時間はかからなかった。ひとつは、パテル博士がキュリエン氏の推定後継者と見たこと。もうひとつは、世銀に対して何か根深い憤りがあるらしいこと。微笑む仮面に鬼女が潜む。差別のいばらの路を知る女同士の会話には、ふさわしくない。

こういうときは、危険地帯に真っすぐ飛び込むもの。「話してくれる？　世銀と絶交したとき、何があったのか」。パテル博士の仮面が落ちた……。

プロジェクトを担当した世銀職員のせいだった。「知ったかぶりのうぬぼれや。私たちの意見に耳を貸そうともせず、対等のパートナーどころか、あごでこき使う。上司には事実や分析結果を曲げ、偏見のみを報告する。彼一人に権限があり過ぎた。組織権力の抑制と均衡は皆無の状態だった」

「予想通り」と、私も怒った。世銀の仕事は専門分野の幅が広いゆえに、驚くほど重い権限が一般職員に与えられる。世銀従来の命令統制型の管理体質では手がおえない。だから意識改革を始めた。「いくら優秀な専門家を集めても、価値観を心底共有する組織にしないと、こういうまちがいを起こし続ける」と、二人で一緒に怒っていたら、出張先のデリーから戻ったキュリエン氏が現れた。古傷を癒やして笑いこける女二人に何事かと目を丸くする氏は、これまた予想通り。ほれぼれするリーダーだった。

翌朝、日の出と共にナバリという村に入った。五〇年以来組合活動を続ける村の路は、牛乳の甘い香りに満ちていた。収集所へそろそろと歩く女衆。頭上のアルミ製牛乳容器が朝日に輝く。登校する子供たちもお手伝いか、小さなアルミ容器を大事に抱えて急ぎ足。

収集所前の列は長いが、係の組合員の仕事も速い。一滴は脂肪含有計量器に。牛乳は量りを通って冷蔵タンクへ。脂肪と乳の量で支払いを計算、牛乳手帳に記入、現金が手渡される。その間三十秒をきる。

十ルピー札をしっかり握って走り去る子の踊り足。空の容器を頭にゆらゆら、帰る女衆の笑い声。牛を洗い、牛小屋を洗い、消毒ずみの容器を日干しに並べる男衆の、威勢いい掛け声。誰もみな一生懸命、自分たちの力で得た幸せを守っていた。組織の持続性は草の根にあると教わった。

「良いことを学んでくれた。その持続性を守り抜くための夢がある」と、キュリエン氏が言った。「共済組合は、政治家の票集めにねらわれやすい。彼らはそのために見返りを約束する。共済組合の自助自立精神を犯す結果になりかねない。事実、そういう例が出はじめている。このリスクを管理している共済組合組織が、世界のどこかにあるはずだ。政治リスク管理の方法を導入する夢。手伝ってくれないか」

「おもしろい、やりましょう」とうなずく私に、氏は「もう一つ夢がある」と言った。

「白い革命を南アジア諸国に展開したい。それからアフリカにも中南米にも。世銀の力を借りることはできるだろうか」。

「貧しさのない世界が世銀の夢。拒否したら罰があたる」と笑った。南アジア諸国は自分の権限だから即答できるが、その他は総裁と相談してからと言うと、氏がいたずらっぽい子供のように笑った。「インド首相にしたように、世銀の総裁を村に送り込もうか！」

二〇〇七年一月、氏の後を継いだパテル会長から新年の便りがあった。「あれからもうすぐ十年……」と始まるその便りは、南アジア諸国に広がりつつある白い革命が、そろそろアフリカ大陸に上陸すると伝えてくれた。あの失敗がなければ、夢はもう少し早くかなったのにと苦い想いをしながらも、うれしかった。

返歌

［ネパール］

世銀を辞した今だから正直に言えるが、ネパールの国民が好きだった。貧しさのどん底にあっても歯をくいしばり、強く明るく生きようとするあの国の人々に、いつも胸をうたれていた。それでネパールの思い出が悲し過ぎるのか、書こうとしても筆は進まず、話そうとしても涙が先になってしまう。本書でもこれまで一度だけ、当時の憲法では軍最高指揮官だった国王が率いる「ロイヤル・クーデター」について書いたきりだ。（二一九頁参照）

クーデターは、多数の政党とマオイスト（共産党毛沢東派反政府武装軍）が手をつなぐ機会を作った。民主化を望む国民の抗議デモが激化し、ネパール軍が同胞に発砲する悲劇となり、国王は議会の復活を余儀なくされた。そして長年悲観視されていたマオイストとの和平交渉が成立し、二〇〇六年十二月には暫定憲法が制定され、マオイスト議員を含む暫定議会が活動を開始。制憲議会選挙へ向かって政局は動き続ける。

ギャネンドラ国王は、クーデター前の憲法にあったすべての政権を議会に奪取された。立憲君主制の持続さえ危ぶまれるようになった〇七年二月、国王が群衆の投石にあう事件が起きた。首都カトマンズにあるヒンズー教の名刹《めいさつ》パシュパティ寺の祭り事に、車で向かう途中のことだった。

ネパール王家の神権は、代々の国王をヒンズー教の神ヴィシュヌの化身とみなす伝統に在る。国民の激怒と王家の終焉を肌に感じ、自業自得だとうなずいた。

二〇〇二年、いつもはパリで開かれるネパール援助国際会議が、初めてカトマンズで開催された。それまで慣例だった世界銀行の主催はおかしいと考えて、ネパール政府に主催権を譲ったからだったが、国民は驚異的に喜んだ。あの国のエリート数千人が開催式場を埋めつくし、テレビとラジオが式典を全国に生中継した。絶好のチャンスだった。全国民の良心に訴えたいと念じていたことを、基調講演ではっきり言った。（以下基調講演より抜粋）

「ネパールには、世界最先端をいく技術と原始的な技術が共存する。優秀な人材と莫大な富が、無識字の民と赤貧と共にこの国を祖国と呼ぶ。この華麗なるカトマンズからどの方角にでも十五キロ歩けば、赤裸々な格差社会が見えてくる。さらに遠くからふり返れば、カトマンズは他の惑星のように写る。今日、私たちが快適な待遇を受けて集まったこの豊かな都市は、ネパールという名の貧困大洋に囲まれた、たったひとつの小島でしかない……」

「カトマンズから最も遠い十六県の草の根を歩いてきた。この国の最極端も歩いた。旅で出会った人々にくり返し尋ねた。何が発展を妨げているのかと。南西の端カンチャンプー県の老いた農夫が言った。頻繁な政権交代はつまり無政府、選挙後の我らは透明人間だ……。北西の端フムラ県、ラ

ギャネンドラ国王（当時）に進言はしたが……

マ族の女性が言った。『カトマンズは我らを知らず、気にもかけない』。東の端イラム県の老女が言った。『汚職、汚職、また汚職……』。どこに行っても誰に会っても、まるで古代の詩のように、形や韻は変わろうが教えはいつも同じだった」

「ネパールの病は統治の危機。無統治にはびこる汚職が国家経済と金融と組織を犯し、所得と富と人材の格差を広げ、社会の正義と和を脅かし、国の魂、すなわち民の希望と幸福を破壊している」

「この危機から国家を救うにはヘラクレスのような勇気と力がいる。しかし、ネパールの民は改革に挑戦する強さを持つ。誇り高く賢明で忍耐強い民に教わった。施し物は無用、希望がほしいのだと。命以外捨てるものがない人民には、怖いものなどないのだと」

「民の力が改革の原動力となるには、リーダーが必要だ。ビジョンとインスピレーションと希望を与え、信念強く一貫する言動で人民の信頼を勝ち得るリーダーシップが必要だ」
「どの国にもリーダーとなりうる人はいる。しかし、ほとんど皆失望し、悪統治という名の氷河の割れ目にひっかかり、情熱の火を失っている。悪政を許し、現状を甘受し、あきらめ、沈黙している。やる気のある少数は、銃と暴力と犯罪までを意思表示の術に選んだ」
「そうだとしたらネパールは、悪統治の虜になってしまう。誰かがこの悪循環を切らねばならない。権威と権力を持つリーダーの群が……」
「はっきり言おう。そうなりうる人材は、ここに集まったあなたたちの中にいるはず。言い換えよう。ネパールは今、勇気あるリーダーたちに黄金のチャンスを与えてくれる……」

会議の直後、王宮から連絡が入り、謁見に参上した。ご自分の足と目と耳で人民の意を把握し、民に希望を与える立憲君主としての努力をと進言した。しかし、手応えはまったく無かった。

数日後「ニシミズ」という題の詩がカンティプア（Kantipur）新聞に載った。詩を愛するネパール人が敬う、詩人アドカリ氏からの返歌だった。

君の辞に感動深き
我が魂は歓びに泣き
我が身は震えた

よくぞ言ってくれた

君の厳粛な辞は我が詩の画布
わずかな言葉で
我が生涯の詩のすべてを君は吟じた
悪政の大立物をきつく叱った
しかしふざけた奴らは
聞こえぬふり
わからぬふり
見たか
君は死ぬほど本気なのに
奴らはあざ笑うばかり

例外と言えぬ常のこと
カンチャンプーの農夫は泣きやまぬ
フムラのラマ族の女も子も泣きやまぬ
イラムの老女も孫も泣きやまぬ

民の叫びを誰が聞く
賄賂にふける悪政家に
民の無駄な叫びに心をむける
時間や意志はあるのだろうか
いや、こんなつまらぬ質問など
汚い指導者は気にもとめぬ

君は感傷をそそった
まっすぐに、目で見た真実を語った
マオイストの問題にもふれた
君は知るや
誰がマオイストを生んだのか
彼らの父獣は
賄賂をばらまく密輸業者と
賄賂を喜ぶ大臣と夫人たち

我は知る

君が心底民主主義を信じることを
しかし……
民主主義が汚職の隠れ蓑なら
カンチャンプーの農民に何ができる
イラムの老女に何ができる
フムラのラマ族の女に何ができる

我は知る
君が心底人権を信じることを
しかし……
君が訪ねたフムラの村の食料は尽きた
カンチャンプーの老人に住む家はない
イラムの老女の背は風雨にさらされる
この貧しさは人権の最低限を欠く

君の辞に感動深き
我が魂は歓びに泣き

我が身は震えた
よくぞ言ってくれた
（C. P. Adhikari 作・筆者和訳）

政権は変わっても同じ政治家の群れ。狐と狸の騙しあいが続く。捨て身で動いた民を想い、私の悲しみもまだ続く。

ヒ素中毒に怒る

［バングラデシュ］

なぜか上司には恵まれにくいのが世の常。私もそうだったが、反面教師と思えばいいと気づいてからは、結構楽しい勉強になった。怒鳴る上司は特に嫌で心がけてはいたが、一度だけ雷を落としたことがあった。バングラデシュ担当局長になりたてのころだったから、ひと昔をとうに越えた話になる。

ことの起りは、ニューヨーク・タイムズ朝刊の記事だった。バングラデシュ各地で慢性ヒ素中毒患者が多発し「掘抜き井戸で汲み上げる地下水が原因か」とあったと覚えている。一瞬、国家絶滅の悪夢が、走馬灯のようにくるくる回って見えたのを思い出す。心臓が止まる思いとはあのことだろう。

即時、緊急会議を開いた。何事かと集まった部下たちは「古いニュース」と笑った。「そうなら、なぜ今まで問題として取りあげなかったの」と問うと、平然と答える。「掘抜き井戸のプロジェクト援助は国連機構の縄張りで、世界銀行の融資とは無関係だ」。臭い物には蓋をする官僚体質に、唖然とした。しかし「学校や病院など、世銀が融資したインフラ・プロジェクトに井戸はないのか」と反問。調べあげたほうがいいと、缶詰会議になった。

省エネで蒸し暑い夏の日のこと、ボトルの水を用意させた。喉が渇いていたと喜ぶ部下たちがボトルの封を切ったとき、待ったをかけた。「その水に多量のヒ素が溶けていたら、どうする」。はっと手を引いた彼らを見たとたん、堪忍袋の緒が切れた。思わず「馬鹿者！」と怒鳴りつけていた。「縄張りとか、世銀の金で井戸を掘ったかなどと言っている場合ではない。ボトルの水を買う余裕などないほとんどの国民が、地下水に頼って生きているのだ。国土の大半は、氷河に削られたヒマラヤの沈泥が成す多孔質デルタ地帯。国民が負うリスクを案ずるなら、地下水脈がいたるところでつながっている可能性が高いと見るべきだ。もしもヒ素汚染が国家を破壊するほどの力を持っていたら、どうするのだ。そのリスクを見極めねば、世銀の信用に関わる。貸借対照表が悪化する。市場格付けに響く。もっと恐ろしいことがある。国体維持に関わりうる問題と知りつつ無視するのは、人道に背く。それでいいのか。自分の良心に聞いてみなさい！」

涙が止まらない、困った、どうしようと思いながらも怒っていたら、私の右腕、実務部門顧問を務めるファクラディン・アーメド君が、受けてくれた。

「自分の母国のことだから発言は控えていたが、国レベルの問題だとみな頭でわかっているだろう。人間、大儀なことにはそっぽを向く癖があるが、今そうしたら世銀で働く資格はないぞ。頭とハートをつなげて、考えなおそうではないか」。

部下の心の奥で何かが破裂した。

「たまにはボスが泣くのも、いいものだ」と、皆が笑った。

七〇年代、対パキスタン独立戦争直後のバングラデシュは、洪水と飢饉がくり返し、その貧しさは想像を絶したと言われる。乾期でも国中水浸しのようなデルタ地帯なのに、人々は飲み水に悩んだ。ヒマラヤ山脈からインドを通って流れ来る河川は汚染がひどく、下痢に伴う脱水症状が毎年数十万人の児童の命を奪っていた。

その悲劇から子供たちを救おうと、UNICEF（国際連合児童基金）は掘抜き井戸を支援した。七〇年代から始まった井戸事業は全国に広がり、児童死亡率は急速に下がっていった。

しかし、井戸は掘っても水質検査をしなかったことが、第二の悲劇を生んでしまう。WHO（世界保健機構）の水質基準値は、ヒ素含有量を水一リットルにつき〇・〇一グラム以下と定める。バングラデシュの地下水ヒ素含有量は、所によってはその数百倍にも及ぶと言われる。科学的な原因はまだ確かではないが、ヒマラヤの岩石から溶け流れて来たとの説が有力らしい。

そして第三の悲劇は、民を想わぬ腐敗した政治だった。おとなりインド西ベンガル州の地下水も多量のヒ素を含み、早くから公衆衛生問題としての認識があった。八五年、西ベンガル州の病院で検査を受けたバングラデシュ人の患者が慢性ヒ素中毒と診察された。同州はバングラデシュ政府に即時通達、対策を呼びかけたが、警報は無視されてしまう。八〇年代後半には、英国地質調査所が地下水水質調査を施行し、多量のヒ素を発見した。同調査所が九〇年に提出した報告書も、無視された。

政治がそっぽを向いている間、活躍を始めたのが、非営利団体ダッカ・コミュニティ病院の

慢性ヒ素中毒患者（右）に団扇の風を送りつつ、涙をこらえる

カジ・カムルザマン院長だった。彼は広がりつつある慢性ヒ素中毒を「世界最大の集団毒殺問題」と名付け、自国の政府より海外に注目を呼びかけた。私が読んだタイムズの記事も、彼の尽力のおかげだった。

カムルザマン院長は、政治家の問題意識向上を目的に現地視察に入った私を「やっと世銀が来てくれた」と迎えてくれた。院長の笑顔に、部下を怒鳴りつけてよかったと、心底思った。

バングラデシュ報道界で活躍するジャーナリスト数人を道連れに、東部インド国境付近の農村地帯に入り、農家に寝泊まりしながら歩き回った。ヒ素に侵された村は、一歩入っただけでわかる。うっすらとニンニクのような匂いがする。ヒ素中毒の印だと教わった。

剥離性の皮膚炎や粘膜障害、骨髄障害、末梢性神経炎、黄疸、腎不全、末梢神経障害、肝障害、

呼吸器障害、皮膚癌、肺癌……。医学書にある慢性ヒ素中毒症状の数々には、中毒患者と家族の苦労や悲しみは映らない。

醜い皮膚炎が原因で離婚された女衆は、実家に戻っても村八分に苦しむ。体力はあるのに、日光にあたると肌が刺されるように痛いから農作業ができない、どうやって食べていったらいいのかと、大の男が泣く。両親とも癌で亡くし、やはり癌に蝕まれる祖母の枕元に放心したように座り続ける女の子。毒だと知りながら飲まずにはおれない水が憎いと泣く老人……。

テレビのカメラが回り、新聞社のフラッシュが光り、記者たちのペンがさらさらと音をたてる中、死を待つだけの人々の姿はかげろうのように世離れしていた。こみ上げてくる涙をこらえ、笑顔をつくり、中毒患者に団扇で風を送りながら、足りぬ慰めの言葉を探し続ける毎日。自分の無力が憎かった。首都ダッカに戻って、民の苦しみを見て見ぬふりの政治家に、怒りをぶつけることだけを考えていた。

九八年、ヒ素問題解決にむけての国際会議がダッカで開催。やっと援助界が動きだした。ヒ素は全国約三百万ある井戸の最低半数を汚染、リスクを負う人口は約八千万人という驚異的な調査結果も出た。戦争と違わぬ緊急事態なのに、リーダーシップをとる政治家は現れなかった。民を憂う指導者なしの援助活動は、はかどらなかった。

二〇〇六年秋、総選挙をふまえて選挙管理内閣が発足した。首相はあのアーメド君。世銀を引退して母国に戻り、バングラデシュ中央銀行総裁を務めあげた。アーメド内閣は、腐敗した政治を正さずに民主主義の意義なしと、汚職追放改革を開始。見通しのつく〇八年三月まで、総選挙は棚上げとなった。

私の怒りを真正面から受けてくれた友。彼は今、その大きな任務を終えて、ほっとしている。

歩くタラヤナ［ブータン］

「雷龍の国」ブータンを初めて訪れて、どの国でも初訪問には欠かせない離村ホームステイに向かう前日のこと。首都ティンプーで挨拶回りをしていたら、某大臣が言った。「我が国は、国民平均所得などの物差しで計れば貧しいが、他の開発途上国とは違う。農民の生活は自給自足には近いが、豊かだ。町には物乞いをする民もいない。我が国に貧しい民はいない」。半信半疑でも、聞き逃せない言葉だった。

滞在したベムジ村は都から遠い。ブータン中部のトロンサ県まで車で丸一日。二日目は険しい山路を登った。日没前、やっとの思いでたどり着いた村には、収穫を終え越冬支度も整えた、喜びの時間が流れていた。たわわに実る山椒が香り、山並の彼方にヒマラヤの白銀を望む、美しい在所だった。

電気も水道もない村だが、小学校がある。診療所も完備している。獣医もいる。陽当たりの良い急斜面に段々畑を拓き、古代米を作る農民の衣食住は、予想をはるかにこえて豊かだった。

民家は、農家と呼ぶには大きすぎて、英国の田舎によく見る小荘園主の邸に似た風情だった。家畜用の一階は、分厚い土壁が白い漆喰《しっくい》に光る。住居にあてられる二階と客室や祭壇のある三階は、木組み様式の木造建築。壁や窓枠に、色とりどりの吉兆紋が躍る。風害防止に重石を配した杉板葺きの古来の屋根に、銀色のトタン屋根がちらほらと混じる。森林保護政策の一環として助成金つきで普及してきたそうだ。

洗顔や水仕事は井戸端ですますが、バケツの水で流すとは言え、水洗式の室内便所には驚いた。贅沢だが、露天風呂も楽しめる。真っ赤に焼いた石を風呂桶の片隅に投げ込むと、ジューッと大きな音をたてて蒸気が飛ぶ。岩石に含まれた成分が溶け出たころを見計らって実のなるネズの葉を浮かべれば、医療効果があると教わった。

野良仕事に手織りの民族衣装をまとう村人のこと、見事な正装姿には目を見張ったが、仰天したのは食生活。ヤクのチーズと唐辛子を絡め炒めたキノコ。ほんのり苦い食用ランの蕾《つぼみ》のおひたし。川藻の香り高いおすまし。山椒の佃煮。古代米の赤飯を片手でにぎり、おかずを添えて、にぎり寿司の要領で口にほうりこむ。思い出しただけで頬が落ちる。自家製の焼酎や濁酒も美味しい。「精力がつくから要注意」と笑って、卵酒が振舞われる。野良仕事で疲れたときは、ランや寄生木の葉をゆでてヤクのバターをたっぷり溶かし、岩塩で味つけしたバター茶で生き返る。

しかし、その豊かさの陰に、貧しい村人の生活があった。授業時間のはずなのに、水汲みに、掃除に、とくるくる働く子供たちに気付いた。両親とも流行病で亡くした孤児だった。漆喰が剥がれ、土壁が崩れかけている家に気付いた。主人の大病で、土地を切り売りしながら生き延びていると言う。昼間はひっそり音ひとつなく、夜はロウソクの灯りが漏れないぼろ家に疑問を持った。家族全員が盲目に生まれ、施しに頼る生活だった。耕す土地と労働力に恵まれた豊かさから外れた人々が、細々と生き延びていた。

頭にきた。首都に戻ってあの大臣を訪ね、かんかんに怒った。「国民の大半は、車道から徒歩で半日以上の距離に住む。車窓から見るのは貴国ではない。自分の足で歩いて見てきてください」と怒った。

翌年、ドルジ・ワンモ・ワンチュク王妃と雑談していて「昔の大臣たち」の話題になった。内閣大改造があり、指導者層の世代交替のときで、王妃は国民の声が届く政府になったと喜ぶ。あの大臣の名を伏せて初訪問の経験を話しはじめると、王妃が「隠さなくてもいいわよ。『我が国に貧しい民はいない』でしょ!」と大笑い。あのときの自分の怒りと言葉が、そのまま王妃の口からころがり出た。「いつもかんかんになって怒ったわ。車窓から見るのは我が国ではない。自分の足で歩いて見なさいとね」

驚いた。

子育てが一段落したころ、王妃は「今歩かなければ母国を知らぬまま一生を終えてしまう」と、僻地行啓の旅に出た。ブータンの山歩きは並大抵の苦労ではない。インド国境は海抜二百メートル前後の熱帯ジャングル。中国・チベット国境は七千メートル級のヒマラヤ連峰。その間直線距離にして約二百キロの国を無数の激流が貫く。平面面積は九州程度でも、立体地図上では決して小国

離村を訪ね帰路につくブータン王妃。後方には見送る村人たち

とは言えない。

厳しい地形に輪をかけて、人口密度は一平方キロあたりたった十五人。約六十七万人の国民の大半が、日照時間の多い山肌を求めて散在している。僻地の多くは、徒歩で片道一週間前後の距離にある。

行啓を始めてすぐのこと。王妃は、貧困という名の罠に捕らわれた国民の存在を知る。孤児。身寄りのない老人。身体障害者。義務教育は無料でも、制服を買う余裕のない親と、通学できない子の嘆き。外界から閉ざされがちな僻地に多い口蓋破裂症に悩む人々。このままでは国がいくら豊かになっても取り残されてしまう民を、王妃は「傷つきやすい民」と呼び「歩き続ける情熱の源」と言う。酸素の薄い大気にあえぎ、雨期には蛭《ヒル》に血を吸われ、高山病にまでかかっても、止めなかった。自らに野宿を強いて歩き続けた。

「傷つきやすい民」に出会うたび、一時金を渡し、必要に応じて年金の手配もした。しかし「私のお小遣いでは賄いきれなくなってしまった」と笑う王妃。「自由にできる自分名義の貯金」をはたいて、タラヤナ財団[1]を設立した。二〇〇三年五月吉日のことだった。

タラヤナすなわち観音菩薩。その本願のごとく、財団は大慈大悲で民を救い、幸せな国づくりへの貢献を目的とする。孤児、身寄りのない老人、身体障害者等への年金制度。貧困家庭の負担になる学費の支給。離村の現金収入となる工芸品の技術訓練やマーケティング。年に一度、欧米医師奉仕団体による口蓋破裂症の集団整形手術も可能にした。スイスなど欧州の政府援助機構から個々のプロジェクトへの援助も受けるようになった。国内はもとより、日欧米の個人寄付も届きはじめている。

王妃の情熱は、ブータンの若者を鼓舞した。国家公務員のエリートたちも、政府のできない国づくりをと、休日返上で奉仕する。タラヤナ財団は、運営経費を最低限に抑え、寄付金のほとんどを救済に使う。世界中、多くのNGOを見てきたが、小さくても貴重なお手本だと感心する。

質の高い仕事は需要を呼び、財団の台所は火の車。王妃は「財団の基金へ寄付を募り財政状態を安定させなければ」と考えはじめている。立派なリーダーのもとで良い仕事を成す組織に対しては、そういうお金の使い方が本当の援助だと思う。しかし、プロジェクト融資にこだわる政府系援助機構には無理な話らしい。ビジョンと価値観と業務成果の質を見極め、健全な運営を条件に、基金の寄付に動く柔軟性は、民間に期待すべきなのだろう。
王妃は今日も歩き続ける。タラヤナは衆生の求めに応じて姿を変える変化観音。信心深い国民は、王妃を「歩くタラヤナ」と呼び、財団の活動をささやかな寄付と労力奉仕で支え続ける。

1◆タラヤナ財団（Tarayana Foundation）http://www.tarayanafoundation.org/

「羅生門」［ブータン］

1　出会い

ネパールの僻地を回っていたときだから、ひと昔以上前のこと。東南の角、インド国境付近の林の中を村から村へと歩いていたら、下げ髪の美しい少女に出会った。「ナマステ！」と声をかけると、きれいな御辞儀を返す。ネパールの挨拶は合掌。不思議に思って尋ねたら、近くのネパール系ブータン人難民キャンプに住むと言う。「ネパールの服を着て、北ネパール人の顔だから、キャンプの人かと思って」と笑う。仲良しになり、柴刈りを手伝って、難民キャンプについて行った。

世界のどこでも高地人は、登山家と似て、自立心旺盛な人種だと思う。ヒマラヤの人々も、国境や民族に違いなく皆そうだ。施しに頼り、希望のない生活を強いられるブータン難民の苦痛と悲しみは、想像を絶した。そして難民の総数が約十万人と聞いたとき、どこかで何か見えぬ力が動かねば、この莫大な人数にはならないと直感した。

以来、ブータン難民に関して、活字になったものは何でも読み漁った。絵パズルの小片は集まるが、全体の輪郭が見えない。問題を知る人に会い、聞き込みをしても、そのたびに話が食い違う。

ほとんどの国連機関の仕事も、客観性を欠いているように感じた。

要約すると誤解を招く恐れがあるが、「雷龍の国」ブータン側の観点は、国家の持続と先住民の文化遺産を脅かす不法移民。難民側の観点は、民族浄化を目的に追放された犠牲者。何を読んでも、誰に会っても、確かなはずの史実についてまでも、立場や観点が話を変えた。まさに映画『羅生門』だった。

自分自身の客観性までをも疑いだしたころ、ロンドン大学のミカエル・ハット教授による研究成果が出版された。*Unbecoming Citizens*（Oxford University Press, 2005）が、その本。装丁がばらばらになるほど読み返した。問題の核心はまだ見えないが、パズルの絵がぼんやり浮かぶようになってきた。

無知を曝け出すのは覚悟の上で、しばらくブータン難民のことをつづりたい。いたたまらなく悲しい思い出だからこそ、子曰く「学びて思わざれば則ち罔《くら》く、思いて学ばざれば則ち殆《あやう》し」

茶の名産地ダージリン（インド西ベンガル州）は、ネパール東南部とブータン西南部の間、シッキムの南に、架け橋のようにある。ヒマラヤ山脈がインド亜大陸からせり上がりはじめるその一帯は、昔から避暑地として知られ、由緒ある英国系寄宿舎学校が多い。

ダージリンがインド連邦でも特異な自治権を持つ行政地区と知る人は少ない。二十年前、ゴルカ国家解放戦線が、独立を目的とした武装活動を経て勝ち取った自治区だ。ゴルカとはネパール

インド・ダージリン地方の茶園で茶を摘む女性たち（写真提供：PANA 通信社）

民族の別称。古代インド西部に発し、十八世紀中頃ネパールを統一したゴルカ族にちなむ。ゴルカ族領土拡張を夢みるある論者は、八世紀にアフガニスタンまで勢力をのばした栄華を偲び「ダージリンは半分かなった夢」と私を驚かせた。ダージリンを母国の延長と見るネパール人の感覚に、その矛先を恐れるブータン人は少なくない。

ダージリンのブータン側を訪れたことはないが、茶畑が国境などおかまいなく広がるネパール側はよく歩いた。ダージリンの山並を眺めていたら「あれを越えたらブータン。百キロほどだろう。私の祖先は、あの国のジャングルまで、ゴムの樹液を集めに行った」と、土地の人が教えてくれた。今も昔も健脚な高地人にとっては、大した旅ではないのだろう。ブータンに移り住んだネパール人には、この土地の出身者が多かったとも教わった。土地を求めて東へ東へと移り行く小作農民の子弟がほとんどだったが、残酷な地主から逃亡する農奴も多数いたそうだ。

ネパール人がブータンに定住しはじめたのは、十九世紀後半と推定されている。近代国家の概念が浸透し、国境と国籍が民を分離する以前のことだった。当時のブータンは、領地を争う豪族間の不安定な同盟に基づく国。十七世紀初期、宗教政治の内紛でチベットから亡命した活仏ガワン・ナムゲルに国家として統一はされたが、彼の化身が相続する神政政治は僧院や豪族の覇権争いを呼び、世襲君主制の設立（一九〇七年）までは、戦国時代が続いていた。

アフガニスタンから印パをまたぐカシミールを経て、ミャンマーの北方まで延々とそびえるヒマラヤ山脈地帯は、古くからさまざまな民族が下界の迫害や差別から逃れ、隠れ住んだ土地だと思う。谷から谷へと民族が異なり、言語学者も知らぬ古代語が生き続け、多民族国家がずらりと並ぶ。

ネパールもそうだが、ブータンも例外ではなく、昔から多民族国家だった。チベットや東アジア方面から移動した人々を一括して「雷龍人」とは呼ぶが、言語学者が知るだけでも二ダースくらいの民族から成る。今でも雷龍人同士で言葉が通じないことが多い。

雷龍人は、南部に住むことを嫌った。ジャングルを開墾して財源としたい豪族らにとって、働き者のネパール人移民は大歓迎だったのだろう。土地の所有を認め、王制の二十世紀になると、南部の開墾に集団移民も勧誘された。移民の中からは、勧誘に働き富を貯える有力者も現われ、村長など地方行政の要職を任されるようになっていく。

南部から徴収する税は、王家と、由緒ある豪族数家の財政を潤した。五〇年代までは統一した税制がなかった国で、税金は地方ごとに異なった。民族にかかわらず課された労働奉仕が重要な税だったから南北の税率の比較は難しいが、その他の税はネパール人を差別した。物品納入の雷龍人農民と異なり、南部の農民は金銀や外国貨幣で納税する慣例で、物々交換経済の国を治める権力者たちにとっては大変貴重な財源だった。

移民の生活は、土地を所有し、税を納め、食べるには困らないとはいえ、国籍がはっきりしない二流国民的な存在だった。この状態は、第二次世界大戦後、雷龍王三世の治世（一九五二〜七二年）初期まで続く。

ブータン西南の端、現在のサムチ県から始まった入植は、ジャングルを切り開きながら東方へ広がって行った。移民が増えるにつれて、季節的な遊牧に南下する雷龍人と、北上する移民との間に、土地権の小競り合いや訴訟が起き、いろいろな形で解決されていく。その累積が、東西に延びる南北境界線のような形をとるようになった。土地の所有や使用権に左右される中世的な社会状態の故に、ネパール人と雷龍人の交流は限られたものだった。

雷龍人から地理的に隔離されたような生活でも、インド国境に近いネパール人が外界の情報に触れる機会は豊富だった。嫁は、インドや、シッキム、ネパールからとる風習があり、親類縁者との交流もあった。裕福な家の男子の多くは、インドの寄宿舎学校に学び、西欧の大学教育を受けた若者も増えた。世情から隔離されていたのは、鎖国状態におかれた一般雷龍人のほうだった。

二十世紀初期、大英帝国から独立をめざす政治活動が、インドに地殻変動を起こしはじめる。その轟きは、ネパールと、インド北東部、シッキム、ブータン一帯に住むネパール民族の政治活動にも影響を与え、「雷龍」の眠りを妨げるようになっていく。

2 目覚め

一九二七年、ひとりのネパール系有力者が、ブータン国外追放の刑に処された。薬草や香辛料植物の宝庫として名高い南部チラン県の裕福な村、ラミダングラ村のアデイカリ村長がその人。重税反対運動を起こそうと動いた罪に問われたと伝わるが、詳細は知れない。ブータン移民史に残る初の政治事件だった。どういう背景があったにしろ、勇気あるリーダーだったのだろうと頭が下がる。

同じころ、隣国インドの国民は、後日「建国の父」と敬われるマハトマ・ガンジーに酔っていた。私も心底敬愛する指導者だが、ブータン難民を想うたび、ガンジーのいない歴史に彼らの苦難がありえただろうかと、考えてしまう。

二〇年代初期、ガンジーの政治思想と非暴力・不服従の手法が民を動かし、大飢饉をしり目に税金を上げようとした英植民地政府の政策を撤回させた。この「大事件」で、派閥争いに弱っていたコングレス党（議会党）が結束し、飛躍の時を迎える。ガンジーやネルー（後の初代印首相）など、秀でたリーダーシップに恵まれた党の活躍は、インド国内（当時、パキスタンとバングラデシュを含む）はもとより、世界の世論を動かし、周辺国の政治活動家を煽動していく。ネパール、インド、シッキム、ブータン各国に住むネパール民族も大影響を受けた。

二四年、インド北東地域の人口大多数を占めていたネパール民族の政治活動は、全インドゴルカ族同盟として集約される。ゴルカ族戦勝運動（Jai Gorkha Movement）という名で知られるこの同盟は、移民の人権と民主主義を主張し、インドからの独立運動を開始した。

ゴルカ族戦勝運動がブータン南部で草の根活動を始めたのは、結成直後のはずと推測できる。当時は中央集権化が進む雷龍王二世の治世（一九二六〜五二年）で、民主化運動は次々と抑圧されていった。ラミダングラ村の村長のように、幾人もの活動家が国外に追放され、見せしめに死刑に処された活動家もひとりいたと伝わる。

インド議会党に感化されたネパール人活動家が、周辺国での政党を立ち上げるまでは、それから四半世紀近くの年月が流れた。ネパールの摂政独裁体制打倒を目標に、ネパール議会党がカルカッタで結成されたのは四七年。後にシッキム王国がインド連邦に吸収される動力となった、シッキム議会党の結成は四八年だった。ブータン議会党がインド・アッサム州で結成されたのは五二年。雷龍王三世即位の年だった。

ブータン議会党の発起人は、インドで高等教育を受けた、南部の裕福な家の子弟数人だった。国王を「議長」とする民主主義政権と、ブータン南部の経済開発をめざし、インド議会党に働きかけるが、相手にされなかったらしい。ネルー首相にインド軍のブータン占領を直訴して、逆にガンジーの思想を説かれたとも伝わる。

五四年の春、彼らは大勢の同志を連れて入国。国境に隣接するゲレフ県サーバン町付近でデモを起こし、ブータン軍と衝突、インドに逃げ戻る。移民史上初めての組織化された政治活動だったこの事件は、ブータンの指導者層に大きな衝撃を与え、ネパール人移民の政治活動を危険と見る意識を植え付けた。デモ後、インド政府にも活動を禁止され、ブータン議会党にとって致命傷となったこの事件は、移民史の流れに負の要因を与えてしまった。

政治・歴史学研究者は、ブータン議会党の失敗を、民を知らない少数エリート活動家の責任と分析する。移民でも土地所有を許され生活に困らない南部の農民は保守的だったから、草の根の支持を盛り上げる努力が足りなかったとも批判する。

一理はあるが、学者のそういう見解を疑問に思う。いつの世も若者の理想と情熱が行動に出るとき、未熟なまちがいはあるとしても、彼らを動かす根源に知るべき真実がある。物質的に安定した生活だけでは、民は幸せになれない。いつ追い出されるかわからない二流国民的な存在が生む不安と鬱憤。その数世代にわたる蓄積を思慮に入れなければ、真相は見えないのではと考える。

ブータン議会党の若いリーダーたちの誤算は二つ。一つは、当時の地政学的な構図を計算に入れず、指導者層がインドに大きな警戒心を持つ国で、インドに近より過ぎる活動をしたこと。もう一つは、雷龍王三世の政治思想を調べぬまま、国王すなわち反改革者と見なしたこと（ネルー首相が謁見の手配に奔走したという説もある）。彼らが、若い情熱を抑え、慎重に動いていれば、移民にとってもブータンの民主化にとっても大きなプラスになれたのにと、悔やまれてならない。

インド独立（四七年）後のヒマラヤ諸国は、地形的にインドの北方要塞的な立場上、インド連邦に吸収される可能性を恐れた。その懸念は、シッキムのインド保護領化（五〇年）で現実となる。同時期、中国の触手がチベットに伸びはじめ、ヒマラヤ諸国の危機感はさらに高まっていった。五〇年、中国政府はチベット統合方針を表明し、その後印中関係は悪化の道をたどる。

インドにとって、ブータンはヒマラヤ要塞唯一の安定した国家であり、慎重に対応し、インド安全保障防衛体制の同盟に入ってほしい国だった。しかし、独立国としての持続を危ぶむブータンは孤立主義政策を選び、それまで開放同様だった国境を統制するようになる。同年、ネパール人移民の自由な入国にも終止符がうたれた。

雷龍王三世の治世（一九五二〜七二年）から四世の治世にあたる八〇年代後半までは、ネパール系移民が国民として受け入れられた蜜月の時と言われる。それを象徴するように、ネパール人移民は、ロッシャンパ（南部人）と呼ばれるようになった。三世は皇太子と共に国中を歩き回った王だが、特に南部には頻繁に行幸した。南部人の村から村を訪ねては「差別をしない」と説き回ったと歴史に残る。

三世は、近代ブータン建国の父と呼ばれ、先見の明ある賢君だった（六四頁参照）。即位と同時に民主化を目標とした政治・行政制度改革に着手。宮廷政治的な性格を持つ不透明な特殊階級の政治を、法律で動く政治へと変えていく。農地改革（五二年）と、国会の設立（五三年）で始まった改革は、革命的な出来事だった。

国王は約束を守った。国家近代化の一環として五八年に初めて立法されたブータン国籍法は、次の三条件のどれかを満たせば、国籍を認めた。一、父親がブータン国籍の者。二、最低十年間定住し農地を所有するか、最低五年間公務員職に就いた成人の帰化。三、ブータン人との婚姻による帰化。この法律で、南部人のほとんどが国籍を取得したと言われる。

難民キャンプで会った老人は「あのときほどうれしいことはなかった」と、証明書を宝物のように見せてくれた。国会には、南部人議員が南部の人口と比例して選出され、教育と能力しだいで国家公務員になる道も開けた。経済開発計画も南部開発に焦点をあてた。ようやく訪れた心安らかな時代だったのだろう。老人の顔にただ一度だけ見た微笑みが、美しかった。

しかし、安泰は続かなかった。

3　裏切り

ハット教授の著書にこうある。

「二、三世代に渡って耕してきた土地の所有権は確かに自分の名で登録され、国王が課す税を納め、子弟は学校でブータンの国語と、歴史、伝統を学び、『本証明書の所有人はブータン人である』と明記された国籍証明書を持つ、ごく普通の南部人農民は、自分が『生まれながらの居住者の連帯意識からなる社会』の一員たることに、不安を感じる理由など何もなかった。一九八八年から行われた国勢調査は、そのすべてを変えはじめた」（一五二頁・著者和訳）

この箇所を読み返すたびに、あの日、難民キャンプで話し込んだ老人が、私の質問に返した言葉を思い出す。

「あなたには、信じきっていた者に裏切られ、幸せを略奪された経験があるのかな」

それでもブータンへ戻りたいのかと問うと、老人の目が一瞬光った。

「私を裏切ったのは我らのリーダー。政治家という名を楯に私腹を肥やす犯罪者だ。母国ブータンではない」。その後何を聞いても、怒りに震える手を見つめるのみ。老人の口は、貝のように閉ざされてしまった。

世界銀行のリスク管理は、根本的に被融資国の国体持続の可能性を吟味する。どの国でもそうだが、特に途上国の指導者層はそういうことを深く考えない。ブータンは、大小を問わず、世銀で携わったどの国よりも、独立国家としての持続を意識する国だった。ブータン人の口癖を借りれば「虎（中国）と象（インド）にはさまれた蚊のような国の危機感」に根づくのだろう。

小国だからこそ、独特な伝統文化の保存が国家安全保障の術だとも主張する。国を統一した活仏ガワン・ナムゲル（十七世紀）が、ブータンを属国視するチベットを意識して説いた教えから来る思想らしい。ブータンの民族衣装も、彼が教えの一環として創った。

日本国民が伝統文化を捨て、日本人としての誇りや自己認識を失えば、国家の土台は危うくなる。考えてみればあたりまえだが、一億二千万人の国ではまさかと言える余裕が、六十七万人の国にはないのだろう。

雷龍王四世（在位一九七二〜二〇〇六年）を筆頭に、若い世代のエリートは、多様性を国の富と見ねばまとまらぬ多民族国家にとって、危険性を含む思想だと認識している。「伝統文化は変化するのが常」と流動的にとらえ、「同一ではなくてもブータン独特なものであればいい」と説く。

しかし彼らは少数派。雷龍人のほとんどは、古来の仏教伝統文化にこだわる。もちろん国会も保守的。その姿勢は、七〇年代から八〇年代にかけて周辺国で起きた異常事態と、増え続ける南部人の人口や違法移民によって、拍車をかけられていく。

七五年、隣国シッキムが、過半数にあたるネパール系国民の民主化活動の末、インド連邦に吸収された。雷龍人は、王家にも一般国民にも婚姻関係が多いシッキム人を外国人とは意識しない。母

ブータン難民キャンプの老人たち（写真提供：ロイター／アフロ）

国が同じ運命をたどるというリスクを目前にして、大衝撃を受けた。

八〇年には、ゴルカ国家解放戦線が、インド・ダージリンにネパール民族国家をたてる目的を掲げて結成される。解放戦線の武装活動は激しさを増し、八五年前後には数千の死者を出すまでになった（八八年、和平交渉でダージリン地区の自治権を勝ち取るが、一部の派閥は今も独立国家の夢を捨ててはいない）。

ダージリンはブータン南西部と隣接するうえ、ブータン指導者層のほとんどが、そこに点在する種々寄宿舎学校の卒業生。当時も、多くの子供たちが官費留学をしていた。ひとごとではなかった。

連なる異常事態を背景に、南部違法移民問題が悪化していく。当時、ブータン政府には移民局がなかった。国籍法設定以来三十年近くの間、認可の業務はすべて地方自治体に任されていた。驚くべき事実だが、知る人は少ない。自治体の責任者（県知事と村長）は、相当柔軟性のある対応をしたらしい。そして、世界各国が今日抱える問題と同様、当時ブータンを悩ませた違法移民の根源も犯罪組織だった。国籍証明書を売り物にして、違法移民を組織的に送り込む業者がはびこるようになっていたのだ。証明書の印刷を請け負っていたインド・カルカッタ（現コルカタ）の民間企業が、組織に絡んでいたらしい。当時の詳細を知るインドのある情報筋は「相当な規模の組織だった」と言う。「ブータン政府は、関わりを持った役人を厳しく罰した」とも聞いた。

この間、七七年と八五年に、国会は国籍法を再度改正し、両親がブータン国籍の者（以前は父親のみ）以外に帰化を義務づけた。ブータン人との結婚は国籍資格から外され、一般の外国人と同様扱いとなる。帰化資格の居住期間は、片親がブータン国籍の場合十五年、公務員が十五年（以前は五年）、その他は最低二十年（以前は十年）と改定される。国語と、伝統文化、歴史の帰化資格試験も加えられた。

八五年の国籍法改定で注目すべきことは、初の国籍法が施行された五八年十二月三十一日以前に定住して、当時の国勢調査に登録がある者にも、帰化審査のため再登録を義務づけたことだった。ここに、雷龍人は違法移民問題に対処する政治意志を見、南部人は民族浄化の意志を見る。

八八年、南部の違法移民問題を解決し、正当な帰化人の認定を目的とする国勢調査が始まった。

ブータンは、国勢調査や南部の人口調査を頻繁に行った国だが、それまでは地方の役人や村長に委任する調査だった。八八年の国勢調査は近代的な調査の第一号で、内務省の役人が一軒ずつ訪問して施行した。無識字な農民には、おそろしく厳しい経験だっただろうと胸が痛む。

多くの南部人は、国勢調査で初めて三年前に改正された国籍法の内容を知った。調査開始後間もなく、外国から嫁入りした婦人が、国外追放になることを恐れて自殺するという痛々しい事件も起こった。

国勢調査は、南部人を動揺させた。しかし、私の知るネパール民族は、辛くても歯をくいしばり、強く明るく生きようと努力する人々。そのとき、何らかの力が動かなければ、難民問題には至らなかったはずと思えてならない。

国勢調査が始まって間もなく、南部人の有力者が動いた。国会議員を十年近く務めた後に王室諮問委員会（国王に勧告権を持つ任命機関）の委員になった南部権力者テク・ナス・リザル氏を筆頭として、南部人の議員や公務員を含む数十人の有力者たちだった。

彼らは、国勢調査の施行手法が行き過ぎたことをしていると批判し、国籍法の緩和、特に八五年以前に定住したすべての南部人に帰化審査なしの国籍認可を要求した。国籍法の改正に自ら携わった南部代表者が反対運動に出た動機と真相は、何だったのだろう。

リザル氏から請願書を受け取った国王は、自ら南部全県の実態視察に出向いた。しかし、国王を迎えたどの村も、問題なしと否定した。ハット教授の著書には、内務大臣が全村長に口止めしたらしいとある。リザル氏らにわざわざ直訴した村長らが、そろって不合理な大臣命令に従い、国王直訴の機会を捨てたとしたら、なぜなのだろう。

民がリーダーを裏切ったのか。リーダーが民を裏切ったのか。見えない。

4 悪夢

一九八〇年代後半から、難民流出が起きた九〇年代前半までは、調べれば調べるほど疑問が湧く。史実の「点」がつながらず、歴史の「線」が見えない。わかることはただ一つ、ネパール系南部人にとっても雷龍人にとっても、悪夢のような時だったろうということのみ。

国勢調査開始から数カ月後の八八年六月、ブータン閣議はテク・ナス・リザル王室諮問委員らが提出した請願書を反政府的と決議し、リザル氏は煽動罪に問われる。行幸した南部各村からそろって「問題なし」と言われた国王に決議を蹴る権力はあっても、術はなかったのだろう。

リザル氏は、南部人の誇る権力者だった。安易に極端な行動に出る人ではないと見るのだが、数日後釈放された氏の行動には、首をかしげることが多い。なぜかインドへ逃亡し、頼った政治家に肩すかしをくう。その後ネパールに逃げ、同じく逃亡して来た仲間と共にブータン人民人権フォーラムを設立した。これが、ブータン民族浄化を訴える国際活動の始発点となる。

リザル氏は、インド・シッキム州政府の知事（ネパール系）に活動への賛同と援助を求め、冷たくあしらわれる。驚いたことに、ゴルカ国家解放戦線にも助けを求めるが、相手にされない。ダージリン地区の自治権を獲得したばかりの解放戦線にとって、他国に武装戦を輸出するなど、大変迷惑な話だったと伝わる。

ネパール政府も冷たかった。当時は、国王親政の政治体制に反対する民衆活動が激化しており、小国ブータンの内政に関与する暇などなかったらしい。反政府系の政党がリザル氏のブータン国家人権侵害の訴えに共鳴したことも手伝って、八九年秋、ネパールは氏を強制送還する。氏は、ブータン国内に残っていた五十人近くの「共謀者」と共に逮捕、投獄されてしまう。

リザル氏以外の活動家は国王に赦免されるが、氏は反逆罪に問われ終身刑。国王の赦免を受ける十年後まで、アムネスティ・インターナショナル（政治・思想犯の釈放を目的とする国際非政府団体）に、釈放されるべき政治犯と指定され、世界的な同情を受けた。今はネパールに在留して活動を続けるが、一度会ってじっくり話を聞いてみたいリーダーの一人だった。機会に恵まれなかったのが、残念でたまらない。

リザル氏が、ネパールに亡命して間もなく出版したパンフレットには、挑戦的な言葉が並ぶ。「歴史的な闘争の時が来た。我らネパール系ブータン人には、我らが大切にする文化と、話す言語、着る衣装、信じる宗教がある。みな我らのものだ。我らの自己認識の一部だ。どのような権力でさえ奪うことを許さぬ。我ら民族の自己認識を一掃しようとする弾圧的な法律のすべてに抵抗し、民族最後の一人まで戦う。これは抗議であり、予言である。我らを束縛しようとする権力への抗議だ。反乱の旋風がティンプーの山々を揺さぶり、恐怖政治の塔を崩す予言だ。まちがえるな。我らは、我らの宗教と、文化、言語、土地を、歯で守る。勝つまで戦う」("Bhutan : We Want Justice" 著者和訳)

氏の怒りがとくとくと伝わってくるが、不思議に思う。歴史をどうひっくり返しても、彼が亡命した八八年にはまだ、伝統文化保護政策は施行されていない。国家レベルで政策に関与していた彼には、そういう日が来るという懸念があったのだろうか。もしそうなら、歴史の皮肉な悪戯だと思う。リザル氏が先導した請願書以来の一連の事件が、伝統文化保護政策の厳しい施行を訴える雷龍人保守派に勢力を与え、彼らを扇動していったからだ。当時の国会議事録には、柔軟な政策と施行を唱える少数派を率いる国王が、そんなことをすれば南部人の差別になると諭す様子さえ残る。

独特な伝統文化の保存を国家安全保障の術と置き、建築様式や公式な場での衣装などを制約する法律は、八九年に成立した。直後、南部人の反応を案じた国王は、南部をくまなく回る。法律の主旨を説明し、民族差別ではないと説く。特に民族衣装に関しては、ネパールの伝統衣装（インド北部の民族衣装）をもとに、ブータン独特の衣装を創作するようにと言う国王の布告に、南部人は安堵さえ感じたと言われる。

いつの世も、法律の意図と草の根での履行の間には隔たりが生まれるが、当時ブータンに起きたギャップは大き過ぎた。国王の布告を知らなかったのか、無視したのか、警察は南部人にブータン民族衣装（チベット民族衣装を変えたもの）を着ることを強制。南部人に限らず公式の場以外でも民族衣装を着ていない国民に、法律にない罰金を科し、私腹したらしい。報告に激怒した国王は警察庁長官を怒鳴りつけたが、遅かった。伝統文化保護政策は民族差別という認識が定着してしまう。

リザル氏の「予言」が現実化しはじめた。伝統文化保護政策を嫌う南部人の大学生が、次から次へとインドに渡り、その数は八九年末で数百人に膨らんだ。西ベンガル州で茶園経営者の庇護を受けた若者たちは、九〇年の夏にブータン人民党を結成。地下抵抗活動を開始する。自国での国王親政を打倒したいネパールのある政党が「国民に支持されるブータンの親政をよく思わず、大学生をそそのかし資金援助をした」と情報筋から聞くが、確かな証拠を見たことはない。しかし、一度は消極的だったゴルカ国家解放戦線が武装訓練や武器の援助をしたことは、確かだ。

ブータン人民党結成直後、西南部のサムチ県で、国勢調査関係者ら二名の打ち首にされた死体が「政府を支持する者は同じ運命をたどる」という党の警告と共に発見された。この事件は、南北を問わず国民を恐怖に落とし入れた。それは、九・一一同時テロ直後の米国国民の精神状態に似通っていたと聞く。前掲したハット教授の著書は、この時点からブータン国勢調査の審査が厳しくなり、権力乱用的な軍隊や警察の行動が現れたと分析する。

殺人事件の数カ月後、九月中旬から十月初旬にかけて、ブータン南部各県に大々的なデモが起こり、軍が出動した。ブータン人民党と、ブータン学生組合、獄中のリザル氏が起こしたブータン人民人権フォーラムの同盟が組織。政治犯の釈放、立憲君主制の設立、国籍法改正、ネパール伝統文化の権利等を要求し、女子供も含む四万～五万人の民衆が参加した。

デモの詳細はハット教授の著にあるが、組織した活動家はブータン軍による残虐行為を指摘し、多数の死傷者が出たと主張、国際社会にアピールする。政府側は、最高司令官である国王の発砲禁止命令下にあった軍のほうに負傷者が出たと主張。後日、活動家の主張が事実に反すると証明され、彼らの信用に大きな傷がついてしまう。

数年間にわたって難民から聞き取り調査を行ったハット教授は、デモ参加者の多くが活動家に強制された農民だったという悲しい現実を伝える。

「それでも彼らは行進した。彼らのために運動する過激論者を恐れたからだ。いま叫ばなければ、自分たちの希望と意見が影響力を失うと恐れたからだ。いったいどんなスローガンを叫んだのかと聞いてみた。国勢調査停止！　リザル氏釈放！　もう一人が叫んだ。ブータンに人権を！　国王陛下万歳！」（前掲著二〇九～二一〇頁・著者和訳）

5　狂気

一九九〇年秋のデモがおさまったとき、先導した活動家の多くはふたたびインドに逃れ、南部人には「非国民」という名の恐怖のみが残された。何世代にもわたって国家安泰の記憶しか持たない雷龍人も、小さな母国が乗っ取られるという恐怖におののいた。

南部で育ったある政府高官は、当時をふり返って「南部人も雷龍人も、まるで集団ヒステリーに冒されたようだった……」と、身震いをした。難民キャンプで出会ったあの老人も「雷龍人も我らも、みんな狂ったとしか言いようがない」と、涙ぐんだ。

同年の冬、ネパール東南の角にあるジャパ地区周辺に、ブータンからダージリンを経由してたどり着いた難民がちらほら現れはじめた。その数は徐々に増え、ピーク時の九二年夏には、一日平均六百人に膨れ上がったと言われる。その後、日に一〜二人に減ったとはいえ、難民の流れは九五年まで続き、総数約十万人にのぼった。


デモ直後、軍と警察による厳しい取り締まりが始まった。逃亡した活動家の縁者、彼らの活動にいろいろな援助をしたと疑われた人々、デモに参加した村人など、多くの南部人が次から次へと調べにあう。数百人単位で逮捕され、投獄され、そのたびに国王が周囲の反対を押し切って赦免にするというサイクルが、幾度もくり返されていった。

ハット教授の著書によると、拷問にかけられた人々も相当いたそうだ。国王の赦免は無条件のはずなのに、同著は、警察がブータンを離れるという宣誓陳述書に署名を強制したと主張する難民の声も記している。釈放されたほとんどの人は、ネパールへと逃れていった。しかし、それだけでは十万人近くの難民流出にはならない。

赦免を受けたとはいえ、自主的に難民キャンプへ逃れたが最後、「非国民」と同様に見られたのだろうか。当時の内務大臣の通達に、「非国民」の援助をするために国外へ出るブータン人は国籍を失うとあり、その上「同じ屋根の下で暮らす家族にも全責任があると見なし、国籍を没収する」とある（前掲著・二二五頁）。難民キャンプへ流れていく親兄弟や夫を追って、家族もまた難民となっていったのなら、数千人が数万人に膨れあがるのに時はかからなかっただろうと推察できる。

ハット教授は、難民の証言であり証明はできないと注意した上で、南部人がブータンを離れた種々の動機をあげている。国籍審査に落ちたからと言う難民。当時、正規軍を補充していた市民軍の兵に、暴行などのひどい嫌がらせを受けたからと言う「非国民」の縁者。村長や尊敬する村の長老が逮捕され、政府を信じられなくなったから。村が幽霊化して暮らせなくなったから。皆が出ていったから……。長い間、二流国民的な存在であった南部人の地域社会だからこそ、絆が強く、安全保障の基礎だったのだろう。教授は、その絆の破壊が大きな動力となった様子をつづっている。

デモ以来、政府は、南北人を問わず、国立教育機関への就学や、官費奨学金支給、公務員就職などの際に、国家統治に反逆する活動の過去がなく、家族にもそういう人間はいないという証明書の提示を要求するようになった。証明書なしでは学校に通えず、子供の将来を案じて母国を捨てたという難民もいる。あの日の偶然の出会いの後、難民キャンプに連れて行ってくれた少女の親もそうだった。「ブータンの学校は楽しかった……」とつぶやく少女の悲しみに満ちた目を思い出すたび、胸が痛む。

ネパール東部のブータン難民キャンプにある女学校（写真提供：ロイター／アフロ）

悪い事は重なるものだ。南部の治安が急速に悪化し、放火や盗難、強奪事件、傷害殺人事件が頻発するようになる。政府は、難民キャンプの過激派が難民問題を膨らませるために行うテロ活動だと指摘。難民側は民族浄化を目的とするブータン軍の追い出し工作だと主張した。苦しんでいる同胞を襲い、脅かすテロ。最高司令官（国王）を無視する軍隊。そんなことがありえるのだろうかと不可解だが、双方とも数件の証拠を握っていると伝わる。狂気の沙汰としか理解できない。

真実はどうあれ、治安問題は、難民流出に拍車をかける結果を生んだ。南部の人口が激減し、町や村が幽霊化していくと、インドのテロ活動グループがその隙間を埋めるがごとく侵入。ブータンのジャングルに野営し、食料や活動資金を確保するために、残る住民を脅かすようになる。インド・アッサム州で現在も少数民族独立をめざしたテロ運動を続けるアッサム統一解放戦線や、ボド国家独立運動も、このころから侵入を開始。ブータン側に本拠を設立するようになっていく。

言うまでもなく南部全県は緊急事態宣言下に置かれ、国籍所有に疑いのない南部人までが、自発的にネパール難民キャンプへ移住する異常事態が起きた。九二年には、村ごと根こそぎに移住を希望し、数百家族単位で移住願書が提出されるようになる。そのたびに国王は自ら各村に出向き「跪いて手を合わせること以外は」できることは何でもするから、思いとどまってくれと説得に回り続ける。

ハット教授の著は、謁見での国王との会話も含めて、当時の状況を詳しく語る。国王自身の懇願を振り切って難民となった人々のインタビューも掲載されている。

「確かに国王は『出て行くな、困るだけだ』と言ってくれた。けれど、国王が去るとすぐその夜、軍と警察がやって来て、嫌がらせを始め、村人を罰した。我らには、去ること以外、選ぶ道がなかった……」。

読み返すたびに、背筋が寒くなる。離村の夜は、日が落ちると墨を流したように暗くなる。平和なのになぜか空恐ろしかった貧村滞在の思い出に、鳥肌が立つ。

九〇年代の終わりまで、ブータン国会は「非国民」の議論に占められた。議事録に残る雷龍人議員の怒り狂う言葉には、彼らのやり場のない恐怖感をかいま見る。国会議員は捕らわれた「非国民」に赦免を与え続ける国王を非難し、国王は「みな我が民」と抗弁、南部人を擁護し、南部の社会経済開発の必要性を説き続ける。議員の怒り狂いが沸騰点に達したとき、南部問題の解決策を見いだせないなら、自分が「退位する」と国王が言い放った。国会は、その言葉で正気を取り戻したとも聞く。

長い歴史の流れの中に難民問題をおいてみて、わかったことはただ一つ。ネパールもブータンも難民も、みな被害者であり、誰を非難し恨んだとて始まらないということだけだった。

しかし難民という名の犠牲者は、何者かに裏切られ、幸せを略奪され、施しに頼り、希望のない日々に苦しむ。ネパールとブータンはもちろん、国際社会もこの現実から目をそらしてはならない。やり場のない怒りと絶望は過激派政治活動の温床となる。すでに武装活動の場を失ったネパールのマオイスト過激派（一七五頁参照）が、ブータン共産党の旗下で難民を刺激している。二〇〇七年の春から夏にかけて、彼らがブータン国内に潜入し、民衆のイデオロギー教育や、学生党員の勧誘を始めたことが発覚した。

民を裏切らず、彼らの幸せのためにのみ動くブータン難民指導者の出現を、心の底から祈って止まない。

殺人魔［インド］

二〇〇〇年九月、国連総会がミレニアム宣言を決議採択した。加盟国百九十一カ国が、そろって、一連の社会・経済開発目標と達成期限を誓った。その筆頭、貧困削減目標は、「二〇一五年までに一日一ドル未満で生活する世界人口の割合を半減する」と謳う。

国連決議のニュースを読みながら、「十五年とは無茶なことを……」とつぶやいていて、ふと『不思議の国のアリス』の一編を思い出した。チェシャ猫とアリスの会話だったと覚えている。

別れ道にさしかかったアリスが、木の枝に座るチェシャ猫を見つけて「どちらの道をとればいいの」と尋ねた。「どこへ行きたいのかね」と聞き返され「知らないわ」と答えたアリスに、猫は言った。「それなら、どっちでもいいのさ。どこに行くのか知らないのなら、どの道でも行き先に連れて行ってくれる」

国家指導者が本腰を入れて貧困と戦えば、十五年で「半減」どころか、貧しさを知らぬ世の中さえ無茶ではない。それでも、貧困削減が世界各国の首脳を賛同させる課題になったことを、素直には喜べなかった。動機が気に入らなかったからだ。

当時、報道界の分析は、途上国から帰化した国民が欧米諸国の票となり、政治を動かしているとあるくらいだった。見当違いもいいところだ。

カネや情報、そのうえ企業まで国籍や国境などおかまいなしになった今日、先進国が抱える二十一世紀の課題は、移民問題につきる。地球人口の過半数を占める途上国との格差をなんとかせねば、空恐ろしいことになるというのが、北の本音だと見た。一方、途上国の権力者の多くは、国連宣言により政治的に動く安易な援助が増大し、よりいっそう甘い汁を吸うことを期待する。南北の私利私欲が合致するからこそ「ミレニアム宣言」なのだと考えた。

政治家や官僚は、民衆の悩みや苦しみを肌で感じることが不得意だ。どん底の生活に喘ぐ貧民のことなど、数字と頭でとらえていればましなほうだろう。先進国でも途上国でも違いはなく、我が国も例外ではない。

貧しさを知らなければ、不思議の国のどこへ行きたいのかを知らないアリスと同じ。しかし、チェシャ猫のように、貧しさを削減する術など「どっちでもいいのさ」とは笑えない。社会・経済的な格差は、いつか必ず国家の安定を脅かす。それは、ひとつの国でも地球全体でも、同じことなのだ。

世界銀行時代、部下と共に頻繁にした貧村ホームステイの日記が、手もとに残っている。世銀の顧客は、貧しい人々。その顧客を知らずに、良い仕事はできない。貧村やスラム街の家庭に入り、たとえ一〜二週間でも家族の一員として生きる体験学習には、南アジア各国で活躍する多くの優秀なNGOに大変お世話になった。その日記をもとに、しばらく草の根の思い出をつづりたい。

草刈りの帰り道、アマ（左）と共に

インドのある村でのこと。（以下日記引用）

アマ（お母さん）の咳で目が覚めた。外は新月の闇。日の出までまだ二時間はあるだろう。台所附近の土壁がかまどの火の色に染まって、アマの影法師がゆらゆらしている。幼い妹の小さな咳が、アマの咳に重なってコンコンと聞こえた。あ、アマったらまたあの子を背負って……。飛び起きて、壁を手探りに台所へ急ぐ。

薪の煙がもうもうとたちこめる中、アマはかまどの前にしゃがみこんで、粟《あわ》のような雑穀を煮ていた。毛布代わりのドウパタ（インド民族衣装のショール）を口にぐるぐる巻いたのに、息をするたび、針を飲んだように痛い。肺を刺す煙に目も刺される。とにかく痛い。

妹を取りあげる私を振り返ったアマの目が笑った。真っ赤に充血して、涙が流れている。早く出ていけと、私のお尻をひっぱたいて笑う。ミエコはあそこで手伝いなさいと、あごをしゃくった。入り口近くの土間に、まな板とすり鉢が、数々の薬草や空炒りをすませた香辛料と共に、用意してあった。

アマの咳を聞きながら、台所から漏れるかまどの明かりを頼りに、カレー用の薬草をきざむ。肉も野菜も何も入れない水分だけのカレーだから、せめておいしくなるようにと、香辛料を潰してはすり、すっては潰す。食事は朝昼晩変わらず、灰色の大きな雑穀団子をちぎって、カレーにつけて食べる。団子でお腹は張っても、摂取カロリーが少ないから、いつもひもじい。

背中の妹が寝ついた。咳はおさまったけれど、小さな肺がぜいぜいと鳴っている。電気は無理でも、せめて無煙かまどさえあったらと思う。ワシントンに戻ったら、衛生部門に調査をさせねばならない。煙が人体に及ぼす害を調べなければいけない。

この村に来るまで、離村の電化は贅沢と見るような潜在観念が、どこかにあったのではと思えてならない。その驕ったエリート感覚に気付いたとき、心の奥に潜んでいた幽霊を見たような気がした。鳥肌が立った。何も知らずに「貧困解消」と意気込んでいた自分が恐ろしく、心底恥ずかしい……

その後しばらくしてのこと。調査を終えた衛生部門の職員が報告に来た。「なぜ今まで気がつかなかったのか」と、真っ青な顔をしていた。結果を聞きながら、私も青くなった。

母親に背負われてかまどの煙にさらされる幼児は、急性呼吸器官炎症や、種々伝染病にかかる確率が、約六倍にもなる。インド農村地帯では、無煙エネルギーに転換すると、五歳以下の幼児死亡率が半減する。

妊婦への影響もひどかった。煙たい台所に入り浸りの妊婦の死産率は五割高。薪集めや水汲みの重労働に、女衆が一日平均六時間を費やすインド農村地帯の流産の率は約三割で、全国平均の五倍近くだった。農村地帯での発生率が異常に高い子宮脱出症の、ひとつの原因にもなっている。

インドの女性と子供の死因を洗い直した結果、かまどの煙による室内汚染が、第一死亡原因であると判明。インドのみではなく、発展途上国全体で推定すると、年間約二百万人の女性と子供が、室内汚染で死亡している計算になった。

かまどの煙は、殺人魔だった……。

無煙かまどを備えるだけで、障害調整生命年（疾病で失われた生命や生活の質を包括的に見る指標で、人々が被る苦痛や障害を考慮して測定する生存年数）一年毎に、約五千円から一万円の医療費が節約されると推測できた。無煙エネルギーを供給すれば、その倍の一万～二万円の節約になった。この結果は、電気など無煙エネルギーを供給する開発事業の社会的利益に対する判断基準を大きく変えた。

貧民人口世界一のインドはもとより、途上国すべての経済に与えうる影響は莫大だった。

ニューデリー事務所の部下に無煙かまどを買うお金を渡し、国内出張のついでにアマに会って調査結果を説明して、と頼んだ。数カ月後、無識字なアマの伝言が、メールになって舞い込んで来た。

「無煙かまどありがとう。ミエコのおかげで、この世の役にたてて、うれしい。咳は止まったから安心しなさい。村の女衆と無煙かまどの普及活動を始めた。男衆も手伝うようになった。だから、アマはいつでもあなたと一緒に仕事をしていると思って、励むように。アマより貧しい、不幸な人たちのために」

アマに幸あれと祈りつつ、あふれる涙が止まらなかった。

サーバント・リーダー［パキスタン］

二〇〇七年十二月、ベナジール・ブットーパキスタン首相が暗殺された。怒りを覚えながらも、正直、複雑な思いをした。

二十年前の総選挙で彼女の率いるパキスタン人民党が圧勝したときは、イスラム教国初の女性首相に大きな期待をかけただけに、失望もまた大きかった。民を憂わぬ政治姿勢をマリー・アントワネットと怒り、その悪統治に幾度も刀を交えた相手だ（五三・八七頁参照）。暗殺後のパキスタン国民の極端な反応と、単純にパキスタン民主化の危機と騒ぐ国際社会や報道界の反応に、彼女を美化し過ぎていると反感を抱いた。

それでも神妙にと冥福を祈っていたら、人民党のリーダーシップを大学生の息子に託すという「政治遺言」を知って、やりどころの無い怒りを覚えた。汚職などで悪名の高い夫、ザダリ氏の院政になるからではない。政党を私物扱いし続けるからだ。

ブットー家の人民党も、シャリフ家の私物と甘んじるムスリム連盟も、民主主義の隠れ蓑を着た暴君の独裁を支える組織でしかない。御家元の家計を潤し、おこぼれを組織的にばらまいて、民主政治の名を汚すからくり。いつか必ず破綻する体制だが、民が負うツケはどうなる。苦しむのは貧しい人々だ。

南アジアの草の根で教わった。政党自体が民主的に運営される組織でない限り、民主主義は根本的に成り立たないのだと。政党であれ企業であれ、そういう組織を作るリーダーの動機に、権力欲はない。ただ、世に人に仕えることのみなのだと。

高名な米国の経営学者、ロバート・K・グリーンリーフ氏（一九〇四〜九〇年）は、実業界で自ら実践したServant Leadership（仕えるリーダーシップ）とその必要性を説いた。確か、七〇年に初出版された氏の名著*The Servant as Leader*[1]（指導者としての召し使い）にこうあったと思う。

「サーバント・リーダーは、まず第一に召し使い。奉仕をしたいというごく自然な願いから始まり、それから意図して指導者になりたいと望むようになる」

同じ考えをパキスタンの北部カシミールで見聞きして、感動した思い出がある。


統治の悪い発展途上国の人々が信じるのは、血族と宗教とNGO。当時、政府はあっても、ほとんどの民にとっては無政府同様だったパキスタンは、特にそうだった。世界銀行など足もとにも及ばぬ立派な事業を成すNGOが多く、なかでもアガ・カーン開発ネットワーク[2]の仕事には、いつもほれぼれしていた。

このネットワークは、アガ・カーン四世が率いる財団の慈善事業の一環。預言者マホメットの直系子孫でもある四世は、イスラム教イスマイル派のイマーム（導師）。古くから多くの信者が隠れ住

カシミールの山奥で、女性解放運動活動家（中央）の熱弁に聞き入る

んできたカシミール地方の貧困解消に、長年力を入れてきた。本書ですでに紹介したカシミールでの貧村ホームステイも、ネットワークの支援を受けたからこそ実現した（三五・七五・九三頁参照）。

道も電気も水道さえもないその離村で、女性解放運動を続けるひとりの男性がいた。イスラム教国の離村には珍しく、パーダ（イスラム原理主義社会に見られる女性外出禁止の習慣）の因習を克服した村だった。運動の動機を尋ねても「村のイマームを説得するのに十年かかった」と、微笑むのみ。紹介された瞬間、カリスマの後光をしかと見て、息をのんだのを覚えている。

口数の少ないもの静かなその人が、猛烈に怒ったことが一度あった。ブットー首相が憲法上の政治無能・汚職を理由に大統領に解任されたことが話題になったとき、「彼女は人間ではない」と唾をはいた。女性解放への支援を期待していた人民党に裏切られたと言う。運動に反対する男衆の賄賂が効いて、党員の邪魔が酷く、セクハラ的な嫌がらせに女衆が震えあがったらしい。幾度も党員を諭したが、党から要請される「集金」の目処が立たなくなると、逆に泣きつかれたと聞いて驚いた。これでは首相に直訴するしかないと山を下り、首都イスラマバードまで足を運んだが、「虫けらのように追い払われた」そうだ。アガ・カーン四世の庇護があって、運動は息を吹き返した。

邪魔さえなければ成果はもっと早く出ていたはずだ、と言う彼は、「今となって想えば、あれも神の試練のひとつ」と笑った。

「良い民主主義を育てたい。それには、社会奉仕の情熱に燃え、人に謙虚に仕えるリーダーが必須。男より女性にその可能性があると思ったからこそ、解放運動をしてきた。しかし、普通の教育だけでは飛躍に時間がかかり過ぎると悟った。男女平等、国際的に通用する広い視野を持ち、欲深い政治家とも対等に戦える人材を育てようと、誓った」

まず英語で授業をする私立小学校をつくろうと決心。その夢を追って走り回っていた。

村が寄付した土地を見て、彼の引いた図面を見ても、半信半疑の私に、ネットワークの活動家が言った。「アガ・カーンの財力に頼ればたやすいことだ。しかし、僕たちの目的はカネの援助ではない。奉仕精神を持つリーダーを育てることだ」

「開発事業の成功基準は、建った学校ではない。僕らの支援を希望する村の衆には、まずリーダーシップ教育をする。そして、奉仕精神に燃えるリーダーに恵まれた村人が、人間として成長しているかを見極める。健康になり、古い因習を越えて自由になり、自治精神が旺盛になり、貧村のそのまた最底辺であえぐ人々をも思いやる事業をしているのか。それを見極めなければ、持続的な発展は不可能だと信じる」

尊敬するグリーンリーフ氏の考えそのものだった。人里遠いカシミールの山奥で聞いたその声は、頭で知ったふりをしていたサーバント・リーダーシップを「ハートに貫け」と轟いた。世銀も考え直しなさいという神仏の諭しだと、頭が下がったのを思い出す。

数年後、カシミールの村の衆からと断って、アガ・カーン開発ネットワークから招待を受けた。あの私立小学校が完成したから、開校式へ主賓として来てくれとのこと。喜んで受けた。

たった数年で、村は見違えるようになっていた。男衆が潅漑設備をつくり、女衆が植えたリンゴ園やポプラ並木が、灰色のヒマラヤの谷に命をよみがえらせていた。校庭に集まった村の男衆は、女衆の後ろに控え、日本ではさかさまと驚く私を笑った。真新しい制服にうれしげな子供たちは、男女肩を並べて英語の歌を披露してくれた。「返歌」の風習がある村のこと、では母国の歌をと、五木の子守唄を歌ったら、さまざまな想いに涙があふれて大変だった。

その学校も、リンゴ園、ポプラ並木も何もかも、二〇〇五年の大地震に消え失せた。しかし生き延びた村の衆の自治自立精神は消えていない。その精神は、子供たちにも伝わり、新しいリーダーシップが育ちつつあるとのこと。その報告に、また頭が下がる。

グリーンリーフ氏の教えは、各国で静かなブームを呼びつつある。サーバント・リーダーが企業にもたらす先見性や、革新性、柔軟性、市場変化への順応性などが、世界一流のビジネス・スクールでも大きく見直されはじめている。日本の実業界でも知る人は知ると聞く。我が国の政治家にも、ぜひ学んでいただきたいものだ。

1◆グリーンリーフの死後刊行された *Servant Leadership: A Journey into the Nature of Legitimate Power and Greatness*（Paulist Press, 2002）［邦訳『サーバントリーダーシップ』（金井壽宏監訳、金井真弓訳、英治出版、二〇〇八年）］に収録されている。
2◆アガ・カーン開発ネットワーク（Aga Khan Development Network）http://www.akdn.org/

竜のからくり［バングラデシュ］

バングラデシュは、南アジアを洗う河川のなかでも並はずれて大きいブラマプートラ河に国土を真二つに割られている。チベット高原から流れ落ち、インドから来るガンジス河などを吸い込むたびに名も表情も一変する大河。ベンガル湾までまだ遠い川岸に立っても対岸は見えない。乾期でさえ海のようなのだから、雨期の暴れようはもの凄く、国民は「暴れる竜」と恐れる。

この竜とインドに挟まれた北西部は、バングラデシュでも最も貧しい地域にあたる。ブラマプートラにまだ橋がないころで、いつも船で渡っていた。どん底の生活にくじけず生きる人々の世話になりながらよく歩き回ったが、美しい田園風景が心身の疲れを癒してくれた。色とりどりの緑が群をなし、亜熱帯の太陽にきらきら光っていた。

ただ、ひとつ不思議なことがあった。高圧送電線はあちこちにあるのに、配電線が見えない。日本を三千万人ほど上回る人口が三分の一の国土にひしめいている、人口密度世界一のこの国に、過疎地などない。見渡す限りどこにでもある人里に配電線を見つけたら、学校や、診療所、警察、その他の政府機関があると考えていい。

首都ダッカや地方都市にも奇妙な風景があった。電柱のてっぺん辺りに、鳥の巣の出来損ないのような物が黒々と渦巻いている。数えきれない電線が、スパゲティのようにからまっているのだ。どの電柱を見上げても必ずある。消えたら、官庁街か高級住宅街に入ったと思えばいい。

　このふたつの風景は、国家財政赤字対策に正面からぶつかる大きな障害を物語っている。そしてその障害は、バングラデシュに良い民主主義が育つことさえ妨げている。

　世話になった貧村の女衆は、口癖のように「きれいな電気がほしい」と言った。かまどの煙という死に神から解放されることだとは、知っていた（二三〇頁参照）。掃除、洗濯、水汲み、草刈りと、家事や畑仕事は何でも手伝ったが、かまどの煙がもうもうと立ちこめる台所だけは私も苦手だった。彼女たちと寝食を共にして初めて知った。「きれいな電気」に、もうひとつの意味があることを。村の衆は、日が落ちて夕食をすませた後の時間が好きだった。やっと自分のための時を見つけ、今日も生き延びた喜びに浸る。貴重な薪を焚き火に仕立てて、憩いの場を設けてくれることもあった。「客人扱いは約束違い」と抗議をすると、アマ（母）は「大きな蚊やりになるから」と微笑み、釣りの得意なアパ（父）は「ミエコを餌に楽しみを釣るんじゃ」と笑った。焚き火を合図に、バンシという尺八や自家製の小太鼓を抱えた村人が、続々と闇のむこうから現れる。女衆は「ミエコが好むから」と、ラビンドラナート・タゴール（一九一三年アジア初のノーベル文学賞を受賞した、ベンガル民族の詩聖）の詩を、よく唄ってくれた。

　そんなとき、月明かりと焚き火でくっきりと浮かび上がった高圧送電線を眺めていたら、村長が

母国を憂うジャーナリストと密談

「不思議かい」と笑った。「あそこからここまで、電柱一本につき礼金五百ドル。この村にそんな大金はない」。無理な金を都合してせっかく引いたとしても、賄賂は続くと言う。集金人が料金の割引交渉を強いる。割引どころか袖の下の交渉で、使用記録は抹殺される。交渉を拒否すれば、暴力団が脅しにやって来る。

「だから町の人は電気を盗む」とアパが言った。「釣り針を電線に結んでな、こうやって引っかけるのじゃ」と、見えない竿を満月に向かって引っかけて見せた。出来損ないの鳥の巣の説明だった。「あぶない、あぶない、あぶないぞ。ツケは必ず、おいらに回る」と、男衆が即興詩を唄いはじめ、「汚い電気など結構よ」と女衆が笑いこけ、返歌の代わりに踊りだした。

調べてみると、料金の割引交渉は普遍的で、国営電力会社の収入を大幅に減らしていた。それどころではなかった。盗む電気はタダだから、消費者は平気で無駄使いをする。規定価格では足りるはずの電力が不足し、供給が追い付かず、停電が多い。頻繁な停電が手伝って、電流の大振れも日常茶飯事になる。コンピューターや機械類のフル運転ができず、運転しても悪質の電流に壊される。企業などの大口消費者は自家発電に頼り、収入源がさらに減る。だから電力会社は破産同然で、国庫の補填で食いつないでいる。汚職の連鎖反応が悪循環を起こし、国家財政赤字の最大原因となっていた。

金銭の色分けは一時しのぎのごまかし。融資の対象プロジェクトが何であれ、開発援助が汚職のからくりに大金を注ぎ込むことになる。これは大事と、政府に改革を強く勧めるが、手応えなし。「了解、同意、賛成」と口先だけはきれいで、がんとして動かない。

臭い、何かを見落としていると頭を抱えていたころ、懇意にしていた報道界のある大物が「プライベート」な昼食に誘ってくれた。母国を憂うジャーナリストが勢ぞろいの席だった。

皆で、手取り足取り教えてくれた。

「電力会社の汚職は、労働組合が管理している。組合の数は多いが、各々二大政党のどちらかに属し、社内を真二つに割っている。組合の集金は定期的に分配され、一部が政党に回される」

心ある報道陣の言葉でも、鵜呑みにするわけにはいかない。質問をくり返し徹底的に探り続ける私を見て、ホストの大物が、懐から二枚の図面を取り出した。

一枚は、集金の配当図。下の集金人から上の政党まで、「%」の字が整然とピラミッド型に並んでいた。「市場競争は効率的だ。政党が変わっても、配当図は変わらぬ」と、豪快に笑った。もう一枚は、東南部にあるチッタゴン周辺の配電回路図だった。黒く引かれた配線が三色に塗り分けられていた。赤と黄色は、二大政党の管理下。その間にちらほら散らばる緑色は、電化生活協同組合。

「汚い電気を嫌う民の血と汗と涙だ。暴力団と戦いながら、守り抜いている」

「汚いのは電気だけではない。大中小の企業や銀行から密輸や売春業まで、政党の縄張りがある。暴れる竜の大河のごとく国家経済を真二つに割り、政治家が甘い汁を吸う。証拠がほしければ、いつでも力になる」

民主主義にあるまじきからくりだった。「ツケは必ず、おいらに回る」と唄ったあの村の衆の英知に、頭が下がった。


汚職対策の視点から融資戦略を練り直し、国営電力会社をブラックリストに載せたのはもちろんのこと、勇気ある民の意を汲む電化生活協同組合の奨励も開始した。「融資を案じるな、民を想え」を合言葉に、長期戦が始まった。加盟国国民が株主である世界銀行の体制を、あのときほどありがたく思ったことはなかった。「貸さない」戦略は、改革に闘志を燃やすリーダーを励まし、驚くほど素晴しい案件を浮上させるというれしい経験もさせてもらった。

徐々に効果をあげながら、戦いは今も続く。二〇〇六年成立したアーメド選挙管理内閣の汚職追放改革で（一八七頁参照）、大飛躍しているとも聞く。両政党の党首や主脳連逮捕のニュースにも、揺るがぬ政治意志を見た。
　のたうち回る竜の芝居が効くのか、選挙管理内閣を独裁体制と批判する傾向が内外に見えた。世の民意を動かす報道界も政治家も勉強が足りない。

1◆二〇〇七年七月にアワミ連盟党首シェイク・ハシナが、九月にはバングラデシュ民族主義党党首カレダ・ジアが逮捕された。

構造的な障害［インド］

日本の実業界もやっとインドに関心を持つようになった昨今だが、二十八の州と七つの準州からなる合衆国だと知る人は意外に少ない。連邦政府が直轄する準州は、ニューデリー首都圏と、大津波の被害でニュースになったアンダマン・ニコバル諸島、仏植民地の歴史を持ち今でもフランス語を公用語のひとつとするポンデイシェリなど。

州とはいっても、米国、オーストラリア、カナダなど他の合衆国の州とは異質なものと考えたほうがいい。まず規模が違う。各々の州が、世界中ほとんどの国を上まわる人口を誇る。その上、州ごとに主な民族が異なり、伝統芸術から衣食住まで文化もがらりと変わる。独自の公用語を持つ州も多く、準公用語の英語はもちろん、憲法で連邦政府の用語と定められたヒンズー語でさえ通じないことが普通。訪問するたびに、第二次世界大戦後、膨大な数の民族をひとつの国家にまとめた偉人たちの力を肌に感じた。

そのまとめ技の一環だと思うが、他の合衆国との違いでひときわ目立つのが、州政府の自治権。ひと昔前、インド初訪問の準備をしていたとき、州の財政権限がまるで独立国のようだと気付いて仰天したことを思い出す。歳入の一部は、憲法で中立機関として指定された財政委員会による国家税収の分配に頼る。とはいえ、当時は州の人口が分配額を大きく左右していたから、州政府はあたりまえの権利と考えていた。

二十八州の財政規模は連邦政府に匹敵する大きさ。州の財政赤字が国全体の三分の二前後を占めているという事実にも驚いた。


インドが史上初めて経験した国際収支危機（一九九〇年）の記憶が、まだ生々しいころだった。貿易政策などの改革で危機は乗り越えたものの、誘因となった膨大な財政赤字の削減には至らず、心配だった。その赤字が続く原因が、州政府の財政破綻にあった。ＩＭＦ用語を借りれば「構造的な障害」の排除が非常に困難だったからだ。

その構造的な障害の筆頭が、多くの州の州営電力会社だった。バングラデシュのように、組織的な汚職問題（前章参照）を抱える州。電気料金をタダにすると公約した政党が、議会与党となった州。票集めに公務職を約束した政治家の介入で膨れ上がる、電力会社の労働者数と費用。州によって形はいろいろでも、根本的な問題は、電力会社を企業と見ない政治介入だった。

国民の税金に頼る援助機関とは異なり、世界中の金融市場から借り受ける資金でやりくりをする世界銀行は、貸し付け国の長期返済リスクを重要視する。つまり、財政赤字と公的債務の持続可能性を吟味するのだから、連邦政府と州政府両方の財政を分析しないと大まちがいを起こす。そのリスク判断をもとに、数十年物の新規融資額と政策への助言を盛った援助戦略をたてるのだから、

「高利貸しはごめんこうむるけれど、世銀の融資なら考えてもいいわよ」と言う女性と握手する著者

州抜きの戦略など意味がない。州政府の権限は、教育や衛生部門から種々インフラ投資まで広く大きいため、なおさらのことだ。

連邦政府の支持を受けて実施に踏み切った融資戦略は、構造改革の進まぬ州には援助をしないこと。そして、州政府財政改革への政治意思を、電力会社をとりまく汚職の追放と人員整理に見ることだった。

トップを切って改革に乗り出した州が現れた。インド東海岸に面するアンドラプラデシュ州。九五年の州総選挙で、タダの電気や米などの公約はしないと誓い、汚職追放を掲げ、コングレス党を大差で破ったテレグー・デサム党が与党にあった。党首は、後日マイクロソフト社を州の首都ハイデラバードに誘致して世界的に注目されることになるチャンドラバブ・ナイドウ氏だった。

ナイドウ氏が率いる改革の前進はすさまじかった。大きなビジョンを明確に持ち、得意なＩＴを駆使して役人を管理し、決断も行動も速やかな人だった。汚職対策にもＩＴを取り入れ、電力会社の社員と顧客の接点を減らす料金支払制度など画期的な改革を進めた。世銀も改革の援助に踏み切ったが、ただひとつ気になることがあった。性格的にワンマンなところがある氏を、専制君主的なリーダーと批判する官僚が多い。彼が去っても持続する改革なのだろうかと、心配だった。

それもあって、アンドラプラデシュ州の僻地を歩いてみた。州で最も貧しい農民が住む地域を選んだ。名もイデオロギーもネパールのマオイスト（共産党毛沢東主義派）と同じで、同盟まで組む反政府武装軍の支配下にある在所ばかりだった。土地に密着して活動を続けるＮＧＯのリーダーと共に歩き、表向きは政府の警護でも、実はマオイストに守られた旅だった。

驚いたことに、どの村に立ち寄っても、ナイドウ氏の足跡があった。潅漑設備なしのやせ細った土地でも所有する農民はまだいいほうで、多くは借用権さえない小作人だった。その上、インド最下層のカーストに属し、「不可触賤民」と差別を受ける人々だった。どん底の生活を強いられる村民は、氏を情熱的に支持していた。理由を問うと、タダの電気などの「施しを嫌うリーダーだから」と言う。「君らはみな同じ人間だ。神に与えられた自治自立精神を頼れ。政府に頼りっきりの発展などどこの世にない」とはっきり言われてうれしかったと、口をそろえた。

どの村を訪問しても、善男善女が集まり、自分たちで考え抜いた開発計画を発表してくれた。村のビジョンと倫理・価値観がしっかりしていて、開発事業を選択する基準となっていた。素晴らしいと感想を述べたら、女衆のひとりが「高利貸しはごめんこうむるけれど、世銀の融資なら考えてもいいわよ」と発言して、大笑いになった。

ナイドゥ氏は二期続けて与党の座を守ったが、天には勝てなかった。大型台風と、大洪水、異常な干ばつのくり返しが数年間州を襲った。作物が全滅し、借金を苦にした多くの農民の自殺が大問題となって、二〇〇四年の選挙に敗れる。都市開発やIT産業に偏り、農村を顧みなかったからと批判されたようだが、大まちがい。今は野党に退いているが、いつかは返り咲き、運が良ければ連邦政府にも進出する可能性を持つリーダーだと思う。

インドの財政赤字は、この数年の高度成長と財政改革の結果、下降の傾向を見せている。まず連邦政府が、赤字の上限と削減目標を明記した財政責任・予算管理法を施行した（〇四年）。続いて財政委員会は、中期的な構造調整改革をもとに赤字を削減する州にのみ、報奨金や債務救済などの援助を開始した。

つまり国家税収の分配に、IMF・世銀のような条件をつけたわけだ。連邦政府に倣って、多くの州が財政責任・予算管理法の施行をも始めた。成果が出るまでもう少し時間がかかりそうだが、斬新な改革だ。電力部門の改革も進みつつあると聞く。

ちなみにパキスタンも、バングラデシュやインドと同質の「構造的な障害」を抱えていた。ムシャラフ政権が国営電力会社の大手術をして、根強い汚職を一掃した。見事だったが、軍政権の成したことを民間政府が持続できるかどうかが、課題として残る。

インドは世界第一の規模を誇る民主主義の国。政治の紆余曲折で時間がかかるとはいえ、民意を汲んで成すことに真の持続性があると信じたい。

戦いを略す［ネパール］

しばらく電気の話が続いたが、長年無政府状態が続くネパールでは、国営電力会社の経営だけがしっかりしていた。社長が素晴らしいリーダーだったから、不思議ではない。人を引きつける指導者によくあるように、何ごとにも徹底した楽天家だったが、ネパールの政治だけには悲観的だった。予算がつかないから農村地帯の電化が進まないと嘆きながら、独り言のようにつぶやいた彼の言葉を思い出す。

「我が国の政治家は、大きな過ちを犯している。国づくりの手段であるはずの政治を、目的に取り違えている……」

一九九七年、副総裁就任直後のある日のこと。当時はまだ見知らぬネパールから国王の親類にあたる実業家が訪ねてきた。表敬訪問と思ったら、「実はプライベートな話がある」と、声を落とす。

「我が国は民主主義の実験に失敗した。もし陛下の親政が再現したら、世界銀行の反応は」

会談の覚え書きをメモしていた部下の顔が、真っ青になった。とっさにフランス革命の歴史が頭をよぎったのを覚えている。

落ちつけと自分に言い聞かせながら、クーデター突発に対する世銀の規則を説明した後、こう結んだ。

「世銀の信用を左右する重要な規則だ。それを担当国に関して解釈する最高責任者として、言っておく。当行の株主はネパール国民。政府でも国王でもない。その上途上国の場合は先進国と異なり、株主が顧客でもあり融資返済の責任を持つ。国民の意志に反する政治行為なら、承認などしない。

Over my dead body（死ぬほうがましだ）」

国王親政をそう判断した場合、融資を停止する可能性があるとでも言うのかと、居直る。「正解」とひとこと返したら、「貸さなければ商売にならないだろう」とせせら笑った。

頭にきたときの悪い癖が出て、啖呵を切った。

「世銀と貴社を混同しないでほしい。当行は私利私益を追わない。今のところは余裕があるから、貸さないほうが収益性の高まる価格体制までとっている。ネパール国民一人あたまの国際援助額は世界最高だと聞くが、世銀の貸借対照表上、総額は微々たるものだ。痛くも痒くもない」

今度は彼の顔が蒼白になった。

ネパールは政治の紆余曲折が歴史的に極端な国で、第二次大戦後も止むことを知らなかった。先々代の国王が率いるクーデター（一九六〇年）で、憲法と国会、政党政治が三十年間無効になった歴史も持つ。民主制の復活がまだ記憶に新しいころだったから、嫌な後味が残った会談だった。

「せいせいした」と笑う部下に救われた。

その「ロイヤル・クーデター」が二〇〇五年二月に再発して以来、政治の紆余曲折は終局を知ら

ネパールの診療所で共済組合幹部の話に聞き入る

ない（二九・一七五頁参照）。民主化を望む国民の抗議デモ。マオイスト（共産党毛沢東派反政府武装軍）との和平交渉成立。暫定憲法の制定。マオイスト議員を含む暫定議会の開始。王制廃止。ネパール王国は共和国と名を変えた……。

マオイストも含めて、ネパールの政党は草の根を知らない。はっきり言えば興味さえ持たない。インドの独立運動に感化された上流階級の子弟が、カルカッタ（現コルカタ）でネパール議会党を結成した（一九四七年）のが政党の始まり。目的は、武家のラナ一門による摂政独裁体制の打倒。近代的な民主社会をめざす革命が掲げる人権や、自由、平等などではなかった。明治維新と似たようなもので、その維新に動いた若者たちが、今も党首や首脳連として君臨している。世代交替なしにはどうにもならない。

チベットに近い女系社会の村に滞在していたときのこと。長老格の女衆から「遠いカトマンズ」に居座って村など見向きもしない議員のことを教わっていて、世代交替の話になった。彼女たちも「世代交替は絶対必要」と同意見だったが、「それだけでは駄目。政治家をやらなければ食べていけない仕組みも変えなければ」と、政治の職業化を指摘した。「世代交替のしるしだったマオイストのざまをご覧。結局彼らも汚職に走り、私たちを裏切った。我慢強い村人の我慢が、いつまで続くか……」と、皆そろってため息をつく。最年少の長老が、「いっそ中国に占領されたほうがましだわ」と言い放って仲間に叱られ、からからと笑った。

雪が多い年には、いまだに餓死する人が出る地域の村で、教育から衛生、インフラまで政府のすべきことすべてが動いていなかった。国際援助で細々と賄うNGOに支えられながら、自分たちの力で村づくりをしていた。無政府状態だからこそ自治自立精神が強く、政治への関心が高い人々だった。首都カトマンズを離れればどこへ行ってもそうで、あの村の人々が特別な例ではなかった。

数年後。政府の対マオイスト作戦が失敗を重ね、国土の大半が明らかに反政府武装軍の支配下になったころ、世銀も含めて諸々の国際援助機関が援助戦略の見直しをしていた。当時のネパール担当局長は、同胞の大橋堅一君。家族と共にカトマンズに滞在し、現地採用の職員を重んじ、草の根を熟知して、素晴らしい仕事をしていた。母国を憂う各界の要人たちから「君が首相だったら」と言われるほど信頼されていた。

大橋局長が提案した戦略は、政治に見放された国民の夢を早急に実現すること。夢はふたつ。子供にしっかり教育を授けてくれる小学校と、いつでも診察してもらえる診療所だった。手段は共済組合。政治家に甘い汁を吸われ捨てられたも同然の、建物だけの小学校と診療所。その管理権を、運営条件と予算付きで、組合に譲ることだった。

ねらいは、ネパール国民の自治自立精神を生かすこと。開発事業を通じて真の民主制の喜びを知ってもらいたいと、汚職に怒る役人やカトマンズ事務所の部下たちと共に編み出した戦略だった。根回しを終えた政府側にも、すでに千数百の小学校や診療所を手渡す政治意思と用意があると言う。悪統治の泥の中での援助活動には政治との戦いがつきものだが、その戦いを略す本物の戦略だった。「お見事」とうなった。

着々と進む履行もまた見事だった。戦略開始から半年たらずで視察に回ったときほど、楽しい旅はなかった。喜び勇む人々の情熱を、肌に感じた。「診療所に行けなくても、お医者様が回診に来てくれる。夢のようだ」と言う女衆に泣かされ、嬉々として通学する子供たちをにこにこ見送る親の姿に、民主制かくあるべし、とまた泣いて、「涙もろいボスだ」と笑われた。

フランス革命（一七八九年〜）も、手段が目的に成り代わった例だと思う。叛乱で特権階級を一掃しても、国民の政治参加の日は遠かった。社会の崩壊に苦しみ、後日共産主義の母体となった恐怖政治に抑圧を強いられた。米国の民主制に影響されたと言われる第三共和政（一八七〇〜一九四〇年）まで、革命勃発から一世代の年月が流れた。

フランス革命の混乱の歴史にネパールを重ねて悲しくなるたび、大橋局長の戦いを略す戦略に想いをはせる。民が力を合わせて実らせた夢を思い出す。あの人々にとって、カトマンズのどろどろした政局などどこ吹く風の毎日だろう。教科書や医療品を注文し、教師や医者を面接し、黒板や机を修理し、一生懸命整理した会計を集会所の壁に貼り、夢を育み続けているだろう。

その思い出にひとすじの希望を見つけては、慰められている。

川も干上がる ［アフガニスタン］

世界で最も独立精神の高い国民は、アフガニスタン人だと思う。地政学的要因上、あの国の歴史は平和を知らないからだろうか……。

アフガニスタンとのつきあいは長かったが、初めてその土を踏んだのは世界銀行を辞める一年前だった。担当初めのころはソ連の占領下で、ムジャヒディン（反ソ連ゲリラ）との交戦が激しかった。一九八九年のソ連撤退後、ムジャヒディンは政府軍との内戦を経て反タリバン[1]勢力となった。戦火が絶えぬ国への出張は許されなかった。

二〇〇一年九月十一日、アルカイダの米国同時多発テロが突発。翌十月米国のアフガン侵攻、十一月首都カブール陥落、タリバン政権崩壊、十二月カルザイ[2]暫定政権発足と、事態は急変した。国際援助界も色めき立った。

緊急時の援助活動は目立つ。顔が見え、カネが集まり、名声や昇進欲をくすぐる。緊急時だからこそよりいっそう協調すべき公私援助機関が競争に奔《はし》る。事態を口実に草の根を無視し、民の意を汲まない活動が起きる。被援助国の人々がすべきことにまで、援助機関の人間が立ち入る。そういう問題のない復興援助の準備をと、世界各国の援助機関と共にアフガニスタンのＮＧＯや草の根リーダーを招待し、国際会議を開いた。

空路のないアフガニスタンから参加する人々に配慮して、パキスタンの首都イスラマバードでの会議だった。同時多発テロの記憶が生々しい十一月末のこと。世界中の報道機関がパキスタンに陣を敷いていたことも手伝って、メディアの関心は異様なほど高かった。絶好のチャンス。世界の良心に訴えたいと念じていたことを、基調講演の軸とした（以下講演の一部を和訳）。

「平和で貧困を知らないアフガニスタンを思い描いてみよう。人間の尊厳を保証する生活程度を保つ国。女性も男性も皆、基本的人権を行使する国。子供たちが遊び、明日へと学ぶ国。私たちが共有する夢だ。アフガニスタン国民と共有する夢だ。この夢ゆえに今日ここに私たちは集まった」

「私は八七年からこの地域の仕事をしてきた。出張するたび飛行計画を尋ねるのが癖になった。『このフライトは今夜アフガニスタン上空を飛びますか』。飛ぶと知ったら額を窓にはり付ける私がいた。イランの街灯が突然消えて膨大な暗黒が広がると、アフガニスタン。どこかに生活の灯火が見えないかと目を皿のようにしていた」

「あるアフガン難民の声が、いつも下界の闇から湧きあがった。荒涼としたアフガン国境近くで出会った老女の声だった。『我が脚下は堅い土。我が頭上は冷たい空』。彼女の言葉を私が受け継いで、結んだ。『天と地の間に我が幸せなし』。見えないアフガニスタンの上を飛びながら、あの老女の同胞の、堅い大地と冷たい天空に挟まれた生活を感じた。彼らの声を聞きたいと想い、胸が痛んだ。

そして今、その時が来た」

「くり返す。今や、民の声を聞く時だ」

「世界銀行がアフガニスタンをどう復興するのかを伝えに来たのではない。国民の声に耳を傾けずに復興計画を考えるなど、もってのほか。国民の命と幸せを枯らしてしまった民意除外そのものを続けるなど、誰ができよう！」

「インド建国の父ガンジーが残した言葉がある。『私は、真実以外、外交の術を知らない』。この教えに謙虚に従い、真実を言おう。もし援助界がアフガニスタンの復興を主導したら、援助は問題解決の術ではなく、問題そのものになり下がるだろう……」

一瞬、会場を埋めたアフガニスタン人たちが、跳び上がったように見えた。拳を高々と挙げる男性。深々と被ったスカーフの中から顔を輝かす女性たち。皆、体いっぱいに喜びを表わしていた。

反して世界各国から集まった政府援助機関代表者には、苦虫をかみ潰したような表情が多かった。アフガニスタン勢の拍手にきょとんとし、「何がうれしいのか」とでも言いたそうな顔もあった。

一瞬の間に顔の海を読み取って、胸がつまった。どうしようと思った途端、真正面のＢＢＣカメラマンが、カメラを覗いたまま右手の親指を縦にした。その親指と人さし指がＯＫの円を作り、次に人さし指が「続けろ、カメラが回っている」と、くるくる回転した。

会議の後、彼に「講演を続ける勇気をもらった」と礼を言った。「援助のことは知らないが、副総裁の言うことは分かった。国際会議は嘘の塊ばかり。僕こそ仕事を続ける勇気をもらった」と

レーズン作りに勤しむアフガニスタンの市民。古代より同国は果物の宝庫だった（写真提供：G-Photo）

手を差し出す。握手が痛いほど固かった。

彼が「分かった」と言った部分が、ＢＢＣワールドニュースで二日間くり返されたらしい。「まるでこれでも分からんのかと言うふうに」と、世銀報道官が笑った。

数カ月後、初めて訪れたアフガニスタン。戦火の痕は生々しくても、景色も人も力強く、美しい国だった。

首都カブールを出ると見渡す限りぶブドウ畑の跡だった。数百年続いたと言われるブドウの木が飲酒を禁じるタリバンに焼き払われ、黒こげの根本が宗教政治の無謀を語っていた。それでも「離村の民が隠し育てた」というブドウが、あちこち山盛りに売られていた。古代から果物の宝庫と知られた国のブドウは、薄緑がかった小指の爪の風情。この世のものとは思えないほど美味だった。

干上がった川底を道代わりに入った村の衆は、突然の客人を暖かく迎えてくれた。まるで詩を吟じるような言い回しのダリー語（ペルシャ語）で、未来への希望を語ってくれた。「天の恵みを水で潤す」。昔栄えた果樹園をよみがえらそうと、灌漑設備の復興を考えていた。しかし「客人に贈るものあれど、もらうものなし」。援助はいらぬと言い切った。

資金は欧米在留の同胞から集めると言う。世銀カブール事務所の費用を職員が現金で運んでいたころのこと。送金の術を案じたら「銀行無用。ハワラ[3]（伝統的イスラム金融・送金制度）がある」と誇る。後に世銀も利用したハワラは、無担保で低手数料。その効率と信頼性には目を見はるものがあった。

南アジアの人々は、アフガニスタン人をアジアのユダヤ人と敬う。世銀事務所のサテライトディッシュ（パラボラアンエナ）が壊れたとき、地元の小企業の社長が「心配するな」と笑った。コカ・コーラの空き缶であっという間に修理してくれた。独立精神旺盛な国民の民間起業活動は見る見るうちに復興。たち遅れる援助やインフラ整備をあざ笑うようだった。

平和さえあれば、人に頼らず飛躍する国民だった。あの村の人々の懸念はただひとつ。「川も干上がる」。せっかくの平和も、川のように続かないだろうと言った。

その予言が現実となった。いまだに消えない戦火のニュースを見聞きするたび、まことの援助とは何かと、胸が痛む。

1◆タリバン：ソ連のアフガニスタン侵攻（一九七九〜八八年）を機に生まれたイスラム原理主義勢力。一九九六年にカブールを制圧し国を実効支配。二〇〇一年のアメリカの侵攻により政権を追われた。

2◆ハーミド・カルザイ（一九五七〜）：アフガニスタン・イスラム共和国初代大統領。二〇〇一年に発足した暫定行政機構の議長を経て就任。

3◆ハワラ：イスラム社会で中世から存在する。仲介業者に金を預け、海外などで別の業者から受け取る仕組みで、銀行より手数料が安い。出稼ぎ労働者が本国への送金などに利用している。

女神の宿題［インド］

インドの首都デリーに一本の大河がある。あの国が好きで頻繁に足を運ぶ知人が「河などあったかな」と首をかしげた。驚いたが、デリー北東部に広がる貧民街を流れ抜ける河だから、無理もない。

名高いタージ・マハールの背を洗う河と言えば、ご存知の読者も多かろう。ヤムナと呼ばれるその河は、ヒマラヤ山脈の奥深い水源からガンジス河と合流するまで、約千四百キロを南下する。山裾に流れ出るころにはすでに大河の風格をそなえ、水練に長ける象でさえ渡らないと聞く。

初訪問のデリーはモンスーン待ちの灼熱だった。同行の友ジョー（ジョーゼフ・スティグリッツ氏、当時世界銀行チーフ・エコノミスト）と一緒に「涼みがてらに」と、ヤムナの河下りに誘われた。

太古から、「ヤムナには女神がおわす」と敬われた。その美形と、豊かな水量が潤す流域の富は、古代ギリシャの文献にも記されたが、見渡す限りでは女神の面影などひとかけらもない。上流のどこかにモンスーンが訪れたらしい。北方の雪解けと重なって増しつつある水嵩も、日の出前の朝霧さえも、人間が犯した罪を隠しきれなかった。

河と言うより重油の流れと呼ぶほうが似合う。真っ黒いフィルムのような水面が無気味に光る。プカプカと音をたてて河面のあちこちを破るのは、魚でも亀でもなく、河底に発生するガスの気泡。羽化する昆虫さえ見当たらず、河岸に漂うのは汚臭のみだった。

土手の下に、江戸時代の猪牙《ちょき》に似た木の舟がもやってあった。白布で覆われた貫木板と、その上にちょこんと敷かれた真新しい座布団。腰布一枚で舟尾にしゃがむ老いた船頭が、場違いに見えた。日傘を渡してくれた役人が「臭いよけの傘は無い」と苦笑して、ぐいっと舟を押し出した。「客を乗せることはもう生涯ないと思った」と歯の無い口を見せて笑う船頭。生き生きと水馴れ竿を左右に突き、舟を見事に流れに乗せた。

左岸は見えず、名もない島がいくつも並ぶ。氷河に削られたヒマラヤの沈泥がつくった中州だ。その岸辺に灰色の鳥が数羽たたずむ。珍鳥と思ったら、汚れてやせ細った白鷺だった。命あるものなどいないはずなのに、黒い水面を凝視している。舟上の人間をちらりと見る黄色い横目が怨めしく、恐ろしい。

白鷺の頭上を飛び越して、ブリキバケツが水面に落ちた。取手に結んだロープを引き寄せては、レタス畑に水をやる農夫。船頭が嘆いた。「モンスーンの洪水に畑が島ごと流されるまで、青物市場で稼いでいる。あいつの野菜を食べたら恐ろしい虫が湧く……」

バシャッとバケツがまた落ちる。飛ぶ力さえ尽きたのか、じっと動かぬ白鷺が不気味だ。

橋のむこうから唄声が聞こえた。勢いよく散る石の泡が黒い水面にまぶしい。橋をくぐると裸同然の男衆が大勢、洗濯物を岩場に打ちつけていた。「ジョー、ほら、あそこのシャツ。出がけに洗濯に出したでしょう」。「えっ！」と一瞬驚いて、カメラを河に落としそうになった友を笑う。

懲りずにシャッターを切り続ける彼が「釣り人だ」と川下を指差した。「釣りなら私の専門。この河に魚などいないはず」と目を凝らした。首まで水に浸かった男が、確かに何かを引いている。貴重な獲物を逃さないように、そろりそろりと後ずさりしている。獲物の鱗が朝日を受けてキラキラ光る。船頭がククッと笑い、舟先を器用に釣り人へと向けた。釣り糸は細縄。かかった獲物はプラスチックの袋の山。仕掛けて一晩置いたのだろう。釣り人の顔が大漁に輝いていた。「乾かして売る。百枚束ねて一ルピーかな。あれだけ釣れば一日食いつなげる」と、船頭が目を細める。「スプラバッ！（おはよう）」と朗らかな釣り人のあいさつ。ジョーも私も唖然としたまま、ただ深々と頭を下げるのみだった。

右岸に、見渡す限りどこまでも続く貧民街が現われた。ありとあらゆる回収物を思い思いにつぎはぎした小屋が、まるで波のように土手際ぎりぎりまで押し寄せている。今にもヤムナにこぼれ落ちそうなぼろ屋も多い。

日の出からまだ一時間も経っていない。土手の上下を行き来する人々が見える。水浴、洗顔、歯磨き、水汲みと、朝の水仕事のいろいろに専念している。鼻まで河に浸かって涼をとる水牛にまじって、水遊びに興じる子供たちもいる。

河面を響き渡ってくる幼い笑い声に思わず笑んだ途端、見た。子供たちの頭上に、黒いものが

ヤムナ河のほとりで洗髪する少年（写真提供：AP Images）

大きな口を開けている。コンクリート管の大穴だ。灰色とも焦茶色ともつかない大量の水が、飛沫をあげてヤムナに流れ落ちている。漂う汚臭……。はっとした。下水だ。

デリーの下水は未処理のまま放流されている事実を思い出した。子供たちの黄色いはしゃぎ声がまた響く。水仕事の人影が、土手いっぱいに増え続ける。死人に頬をなでられたような気がして、悪寒が止まらなくなった。

舟旅を終え「シュクリア（ありがとう）」と心付けを渡した船頭が、私の蒼い顔をまじまじと見た。「わかるよ」とでも言うのか、頭をゆっくり左右に振った。船頭の口を借りたヤムナの女神の声を聞いた。「サヒバ（女性への敬称）は、あの貧民街を歩くといい」

翌日から、憑《つ》かれたように貧民街を歩いた。

救済活動をするNGOに案内を乞うて現場を回った。デリーの人口約千五百万人の半分近くが住むという貧民街の規模に仰天した。人間のそれとは思えないどん底の生活に度肝を抜かれた。そして、それまで見過ごしていた大切なことを教わった。

貧困解消事業になくてはならないひとつの芯が、貧民街の民に欠けていた。貧困解消と地域開発は切っても切れず、良いリーダーと住民の強い団結があってこそ持続する。どんなに貧しくても、農民には村のために働くという団結精神がある。そのために動くリーダーも農民の中から必ず出る。だから指導者教育が貧村の発展を大飛躍させる。貧しいほどリーダーシップが輝き、村の団結が強くなる。歩き回る貧民街には、その芯が見えない。理由も見えない。

ヤムナの土手下で、水遊びの子供を見張りがてら大勢の母親が洗い物をしていた。世間話の仲間に入り込んでしばらく、勇気を出して疑問をぶつけてみた。「理由は簡単よ。あなた、それでも博士なの?」と笑われた。女神の声がまた響く。「貧しさから抜け出すことは、この街を去ることだもの」

インドでは小都市に属するデリーでさえ、貧民街の人口は毎年約五十万人ずつ増えている。国家レベルで都市化を続ける貧困を目の前にして、持続可能な解消への術はどこにと、絶句した。

大河ヤムナの女神から授かった宿題。いまだに答えの糸口さえ見えてこない。

森の民に幸あれ［インド］

世界銀行を辞めた際、思うところあって、英国領バージン諸島の別荘に本拠を移した。高台からカリブ海に向かって開く庭の三方にそれぞれ一本ずつ、南アジア原産のユーカリが、まるで貿易風から家を守るように立っている。

ここは昔、砂糖キビや海島綿で成功した農園だった。英国の奴隷解放令（一八三三年）以来さびれたが、大英帝国インドの将来を案じてダージリンから移住した茶園主一家に買われ、よみがえった。一家が農園主の家を復元したとき、はるばるインドから持参したユーカリの苗木を植えたと聞く。樹齢百年に近いその大木を見あげるたび、インドで会った森の民に幸あれと祈る。

インド連邦公務員制度の一環、Indian Forest Service（インド森林職、略称ＩＦＳ）は、一八六七年、大英帝国政府が設立した。その長い歴史を誇るＩＦＳは、当初から変わらぬ使命を「科学的な森林管理と、持続可能な伐採事業」と謳う。

しかし緑が減り続けたインド亜大陸。その衛星写真が、使命はいかにと真相を問う。

インド担当職に就いたとき、森林開発援助の件数に驚き、調べてみた。長年の多額な融資にもかかわらず、結果のよしあしが不明確で、なぜかさっぱりわからない。頭を抱えていたら、実務顧問のファクラディン・アーメド君（前バングラデシュ首相）が、「僕の国が大英帝国インドの一部だったことを忘れたのかな」と、ウインクした。

そう言えばと、彼の母国で共に山歩きをしたことを思い出した。植林が終わり、行儀よく立ち並ぶ苗木の間を歩いていたら、森林庁長官が谷向こうを指して、「次はあの山」と、胸を張った。鬱蒼と緑が茂るその山を見て「自然林か」と問うと、それがどうしたという顔。自然林を破壊してまでの植林に、思わずアーメド君と顔を見合わせた。彼の口が「違法」と、ゆっくり動いた。

そのとき、山裾を流れる一筋の青い煙を見た。長官が「森の民」と、唾を吐く。「山を侵すけしからんやつ。もうすぐ立ち退き命令だ」。南アジアに散在する森の民は、植民地時代のIFSが森林管理の役目を課し、報酬に居住権と山の幸を穫る権利を与えた人々。以来、山を侵すどころか、生計がかかる持続的森林管理の知恵を積み重ね、減り行く自然林を守ってきた。命令の法的根拠を問われた長官は、しどろもどろ。「あら何か臭うわ、森の民の煙かしら」と鼻を動かす私に、アーメド君が吹き出した。

あの山歩きが、違法伐採で私腹を肥やす森林庁を摘発する糸口になった。バングラデシュ森林庁とIFSは、大英帝国インドの同一組織。その史実を見逃していた。組織文化はリーダーで変わる。独立戦争などで変わるものではない。

手始めにIFS求人活動の透明性を調べた。州ごとに異なるが、所によっては大枚が積まれていた。

インドの国立公園を巡回するIFS警備員（写真提供：AP Images）

「三年働けば元が取れる」との証言からも、違法伐採による膨大な金が組織的に動くと推測できた。百聞は一見にしかずと、旅に出た。めざすはインド北方、ヒマラヤの麓に広がる森林地帯。そこに住む森の民は、長年IFSに虐待され、某NGOの協力で人権侵害訴訟を起こしていた。その集落に入って直接話を聞きたかった。

案内を乞うたNGOが冷たかった。茶など出ず、蒸し暑いぼろ屋の片隅で長々と待たされた。やっと現れた会長は、あいさつ抜きで世銀の非難。延々と続く暴言にびんたを食らい、胸を射られる。これはと思うことはメモしながら、黙って聞き続けた。

そんな私を不思議に思ったのか、怒りのネタが切れたのか、やっと暴言が治まったとき、頭を下げた。「あなたは正直な人だ。お叱りは痛かったけれど、礼を言う。あなたの協力がこの訪問に欠かせないから我慢して、心にもないお世辞を言うのではない。誤解や誤報はあるが、言い訳もしない。世銀が真実国民のためになる仕事をしてきたのなら、こんな目に遭わないはずだと信じる」。お邪魔したと立ち上がる私を手で制した会長の、頬が緩んだ。「案内しよう」

国立公園の片隅に住む森の民は、葦に似る草の繊維で縄を撚《よ》る。鉄より頑丈と貴重品扱いされ、縄は彼らの生計を潤してきた。しかし、木陰に集まってくれた人々の衣服は色あせ、すり切れていた。裸の子供たちは栄養失調で腹が膨らみ、マラリアに病む一歳の子は産まれたばかりの乳飲み子と見違える。

自己紹介に立ち上がった瞬間、その民の気品とオーラに圧倒された。情熱と信念が燃やすリーダーシップの炎が、善男善女の目に宿っていた。言葉より先に涙が出た。

貴重な時間のお礼にと持参したボトル水を美味しそうに飲み回しながら打ち明けてくれた虐待。その凄まじさに吐き気さえした。「動機はただの金だよ」と、森の民の長が笑う。「森を守る役目の者がいらぬ林道を敷く。法律上保護されている大木や珍種を伐採する。告発を恐れて我らの立ち入りを禁じ、森林破壊の罪をなすりつけ、立ち退きさえ言い渡す」

「立ち入り禁止は、命綱を切られること」と、若い衆が続けた。「僕らは命綱の材料をとりすぎるような愚か者ではない。適量の草取りは森の成長にも良いと、いくら進言しても、畜生が何を知ると殴られ、追い出されるだけ」

新月の夜に忍び込むが、山奥の急斜面に生える草だから、転落死した者もいる。猛獣に襲われ、命を落とした者もいる。それより恐ろしいのはＩＦＳ警備員。銃で脅すどころか「まるで狩猟を楽しむように我らを追い回す。昨夜も仲間が一人、撃たれて死んだ」と、大の男が声をあげて泣いた。

若い衆が「人間や、動物、水源に害を加える農薬をまかないでくれとＩＦＳに頼んだ」ときのことを語った。「我らには代々伝わる知恵がある。ユーカリの樹液は防虫効果が高い。蚊が嫌うからマラリアも減る。剥がれ落ちる樹皮は森の床を覆い、害虫やカビ退治に効く。昔のように森を区分けて、風上からとりまくようにユーカリを植えたらと、提言した。開発を妨げる非科学的方法だと笑われた」。「愚かな」と嘆く民の長が、諭してくれた。「森林開発の名に騙されないよう気をつけたまえ……」

「良い統治」を対インド援助戦略と改め、森林開発援助を切った。今日、森の民は運動を全国的に組織し、内外の世論を動かしている。

森の民から教わった。「樹液は月が吸い上げる。満月の夜はユーカリが香る」。確かに満月の満ち潮のころ、庭を渡る風にその香りを聞く。雨に濡れるとよりいっそう香り高く、雨期の蚊に悩まされる島の人々が、蚊の少ない家だと、驚く。

大自然を慈しみ生きた人々の英知は、なぜ卑下され忘れられるのだろう。科学や、技術進歩、経済開発が、人間の傲慢と貪欲を煽ぐのか。いつになったら私たちは、その愚かさに目覚めるのだろう。

飢饉の呪い・ダムの呪い ［インド］

出張報告書代わりにつづり続けた旅日記には悲しみや苦しみの記録が多いが、いつでも奮起一番と、自分を励ましていたように感じる。Fifty years is enough![1]（五十年でもう結構）というスローガンのもと、世銀を潰せという世論が渦巻くころだった。いろいろな批判に共感することが多く、謙遜に受けて組織の糧にと世銀の意識改革に没頭していたからだろう。

ただ一カ所だけ例外がある。インド南部のカルナタカ州へ出張した数日間だ。草の根は、貧しい人々の生活が最も大変な季節に訪問する主義だったから、インドではいつもモンスーン待ちの猛暑。水汲みに毎日約六時間費やす人々の前でボトル水など飲めない。脱水症と戦いながらの日々だったことも手伝って、鬱々としていた。

「五月十五日。とうとう来た。約束を守るために来た」と、その旅日記は始まる。

インド亜大陸の西、アラビア海に沿って南北千六百キロを走る西ガーツ山脈がある。この山脈から東のベンガル湾まで亜大陸を横断する台地はデカン高原と呼ばれ、インド国土の大半を占める。東へ東へと緩やかに高度を下げる高原で、数多くの河川に洗われている。

そのひとつに、一時は世銀の融資を受けた大型ダムの工事が進むクリシュナ河がある。ダムの湖底に住処を失う住民に対するカルナタカ州政府の処置が悪質で、融資は撤回された。再融資を乞う州知事に、現場を見てから考えると約束したのが、出張の理由だった。

「ゴアの緑を眼下に北東へ。クリシュナ河上流域をめざして飛ぶ。ヘリコプターの騒音に耳が痛い。近すぎる太陽に血が煮えたぎる。眠気が襲う。古風な建物がゴア海岸沿いに見える。あの辺りで、ゆっくり休みたい。いや、悪名高いクリシュナ上流域をこの目で見るまでは、休みたくても休めない」

「ゴア空港から飛び立って間もなく、群青にうねる西ガーツ山脈が迫り上がる。その頂のひとつを飛び越えた途端、神仏に見放された大地を見た。炎天下、真っ赤に焼けただれた土が、地平線の彼方まで広がっている。アラビア海から吹き入る湿気は山脈に残さず吸い取られるのか。朝露は日の出とともに焼かれてしまうのか。灼熱で半透明になった大気が、緞子《どんす》の幕のようにゆらゆら揺れる」

「ふと、その幕のむこうに、この地を呪い続ける飢饉を見た。天と地の間が霊に満ちている。古代から餓死をくり返した農民と子供たちの霊だろう。身の毛がよだって目を閉じたら、餓えに泣き苦しむ声が大地から湧き上がる」

「その瞬間、飢饉の呪いを解く鍵を見た。なぜこの州が途方もない大型灌漑・発電用ダムの夢を見るのか、分かった。しかし、ダムがせき止める湖は膨大な面積で、二百以上の町村が水没する。

厳しい干ばつの季節、水汲みに出かけるインドの女性たち（写真提供：PANA 通信社）

約四十万人の民がダムに呪われ、住み慣れた土地を追われる。解くのは飢饉の呪いか、ダムの呪いか」

「開発事業評価の一環に使うコスト・ベネフィット（費用・効果）分析は、数字と数式のみでは成り立たない。分析の要は、目に見えないところにある。つまり、社会が事業の効果と費用に対して抱く価値観だ。コストが社会倫理上高すぎれば、効果がいくら良くても施行すべきではない。民主主義とはいえ、政府の判断が正当だとは限らない。その是非を、五体六感で感じとらねばならない」

「五月十六日。朝早く、移住はこれからの村に着く。枯れきった田畑に育つのは岩ばかり。その岩の日陰に涼をとる犬や子供が、死んだように動かない。村でたった一本の木がヒンズー寺院の庭にあった。その木陰に、色褪せたサリーをまとう女衆が集まってくれた。村の移動に政府が出す補助金で、立派な家を建てたいと口をそろえる。家に使い果たしたらどうやって食べていくのと問うと、それは我らが男衆に聞きたいことだと、悲しい顔をする。男衆が補助金を飲んでしまうのが心配だと眉をひそめる。でもなぜか、皆生気がない。彼女らの魂を抜いたのは、男尊女卑の習性か、くり返す飢饉の歴史なのか。死んだ魚のような目が、あまりにも多すぎる……」

「午後の照り返しに脳味噌が干上がったのか、村の名は覚えていない。移動を終え真新しい村道が光る村に入った。民家はみな驚くほど大きく、ワシントンの自宅の倍はあろう。新築の小学校に集まった男衆が、補助金で建てた家だと誇る。『耕す土地を買う金がない。工場を建ててほしい。会社を誘致してほしい。仕事がほしい』。ほしいほしいと言い続ける彼らに女衆の意見も聞きたいと頼んだ途端、シーンとなった。若い村長がもじもじする村人を見据えて、意地悪むき出しに、にやりとした。『時間の無駄だ。女は我らの所有物。意見などもってのほか。命令に従えばいい』。我が目を矢にして、思いっきり彼の黒目を射った。『礼儀知らずに返す礼儀はない』と席を蹴った。村長は大地主の我儘息子でと耳打ちして謝る長老に、ご苦労様と頭を下げた……」

「五月十七日。十年以上昔に移動した村の善男善女が、代々この地を治める不在地主の館の庭を埋めていた。次から次へと話してくれる悲痛な体験に、胸が引き裂かれる。『印紙税だと騙して、補助金の半額を役人に取り上げられた』。『無識字の我らのためにと、政府が弁護士を遣わした。補助金受け取り代理人の証明書だと言われて拇印を押した。弁護士も補助金も消え失せた』……」

「彼らの言葉に悲しみはあっても怒りがない。カルマ（業）、宿命だと、あきらめるのかと聞いて返った言葉に、目が覚めた。『権力者との戦いは避けるが勝ちと知るからよ。あのダムは、私たちのためにつくられるのではない。地主のため。地主にたかる寄生虫のため。政治家や役人もその寄生虫。争うだけ損をするわ』……」

「五月十八日。そろそろ夜明け。暑すぎて冷房が効かない。昨夜は眠れないまま、この国で世を捨てた釈迦の心を想い続けた。融資をしてもしなくても、ダムは建つ。権力者はいつまでも驕《おご》り、民衆の苦しみは続く。いったい世銀に何ができるというのか……」

州の首都バンガロールの知事公邸に、州政府の内閣と次官総勢が知事をとり囲んで待っていた。

山海の珍味を次から次へと勧められても水だけを飲む私を案じ、「口にあわないのか」と、知事が聞く。

豪華に盛られた卓上をしばらく見つめて考えた。そして、英語が不得意な知事のために、ゆっくり尋ねた。「閣下はクリシュナ河上流域の草の根を歩かれたことがおありか」。いや、まだだと赤面する彼に、さらにゆっくりたたみかけた。

「それではお分かりにならないだろう。なぜ美味な物が口に入らないのか。そして、なぜ、ダムの融資を拒否するのかも……」

公邸の外は雨だった。モンスーンが泣いてくれたと想ったら、ほんの少しだけ救われた。

1◆Fifty Years Is Enough：一九九四年に始まったキャンペーン。世銀・IMFの開発援助政策を批判。

女の特権大いばり

［南アジア諸国］

世界銀行も世の組織と違わず、ひと昔ほど前までは女性に対する無意識差別が根強くて、いろいろな問題があった。たとえば、融資担当の管理職は女性には無理という偏見がおおっぴらにまかり通っていて、特に融資部門の局長や副総裁は男の仕事と考えられていた。俗に言う「ガラスの天井」だろう。

そういう背景から、常にモルモット的な責任につきまとわれたのは仕方なかった。しかし現実は逆で、女だからかえって得することが驚くほど多く、私の至らぬところを補ってくれた。なかでも一番楽しい思い出は、衣装のこと。

洋服に無頓着な性格だから、礼儀を重んじる母をハラハラさせ、デザイン感覚がずば抜けて優れる妹に泣きついては助けられていた。が、担当国の伝統衣装になると目の色が変わった。子供のころから大好きだった和服と同じように、まとうたび、歴史に培われた民族の魂のようなものを感じるからだろう。

趣味だから仕事への影響など考えなかったが、伝統衣装を着ると何かが違うと感じて、マサチューセッツ工科大学ビジネス・スクールの教授に聞いてみた。「服装は、一種の political statement（政治声明）。伝統衣装ならなおさらそうだ。影響がないほうがおかしい。これは女性の特権だな。羨ましい。意図して大いに使いなさい」と、励まされた。

それからは、女の特権だと大いばりで、心ゆくまで遊ばせてもらった。相手の心の中へぐっと入り込んでいきたいときには、必ず伝統衣装を着た。反対に距離を置きたいときや、日本人だと主張したいときには、自然と着物に手が伸びた。

南アジア諸国はそろって豊かな衣装文化を誇り、その伝統を重んじる。モルジブ諸島以外はすべて多民族国家だから、各々の少数民族の伝統を守りながらも、おのずと国民が共有する伝統衣装ができあがっている。アフガニスタン、インド、スリランカ、ネパール、パキスタン、バングラデシュの六カ国に共通するシャルワ・カミーズはその代表的な衣装のひとつだ。

シャルワ・カミーズは、ズボン（シャルワ）の上に丈の長いシャツドレス（カミーズ）を重ねるだけ。女性はその上にショールをはおり、男性は帰属する民族の伝統的な上着やブレーザーを着る。簡単なデザインだからこそ、布地や刺繍などで郷土色盛りだくさんとなる。

パキスタンのシャルワ・カミーズは、ズボンの裾のカットに独特な工夫があり、たいそう粋に見える。インドでは意図してパキスタンのものを着たから、必ず「格好いいな、パキスタン製だろう」と褒められた。反してパキスタンではインドのものを着たから、「田舎くさいデザインだが、インドの布地は素晴らしい」などと言われた。国交断絶のころだったからそう来たらしめたもので、

バングラディッシュの夜会で、織物業界の実業家らと名刺交換

両国間の人材交流や、貿易政策、金融部門構造改革の協力など、仕事の話がとんとん拍子に進む糸口になった。

インドのオートクチュールであつらえた一張羅を着てムシャラフ大統領に会ったとき、「ミエコによく似合う」と目を細める彼を「敵国のものを褒めていいのですか、将軍！」と笑った。それがきっかけで、カシミール和平戦略の裏話を聞いた。印パ両国への長期融資リスクを下げる重要な情報だった。

イスラム教原理主義の色が濃い地方では、ショールで頭や全身を覆うことを女性に義務づける風習がある。それだけは「異教徒の外国人だから」従わない主義を貫いた。しかし、南アジアには日本人の顔をする民族が多い。事実、アフガニスタンのハザラ族（ジンギス・カーンの大軍の末裔と伝わる）や、ヒマラヤ一帯に散らばるモンゴル系少数民族、ミャンマー国境地帯に住むチャクマ族などとよくまちがわれた。日本人と知ってはいても、目のやり場に困り赤面する男性もいた。そういうとき、当時流行していた男性のファッションを真似て、糊を効かせた白いシャルワ・カミーズに紺のブレーザーをはおると「我らの伝統を重んじてくれる」と喜ばれ、仕事がはかどった。

そのメンズルックが効きすぎた失敗談もある。カラチ空港で保安検査の列に並んでいたら、女性警備員が「ここは女性専用の列だから向こうへ行け」と注意する。パスポートを見せても信じてくれない。男性専用の列にいた部下が慌てて「その人は僕のボスだけど、正真正銘女です！」と大声をあげた。やっと納得した警備員や周囲の乗客と一緒に大笑いをした。

一方、サリーも南アジアを代表する衣装で、インド、スリランカ、ネパール、バングラデシュの四カ国に共通する。ブラウスを着てシミーズの上から布を巻き付けるだけだが、これが結構難しい。サリーを巻き付けるのではなく、布の方から体の線に吸い付いてくるように着付けができると、しめたもの。たった一枚の布を巻くにも、さまざまな着付け様式があることに驚いた。その様式と布地で郷土色や国家、民族のアイデンティティを出す。故インディラ・ガンジー首相が、インド全民族のサリーを持ち、旅の先々で頻繁に着替えたと伝わるのは、作り話ではない。

ガンジー首相にはかなわないが、木綿でも絹でも、貧しい女性の手で織られた布と決めていた。貧民や女性を卑下する傾向のある政治家に会うときには必ず着て、良い仕事への糸口にさせてもらった。スリランカやインドでは、少数民族が好む「逆巻き」様式に決めていた。これはタミル民族も好む着付けで、タミル族内紛の終焉に政治生命をかけていたクマラトンガ元スリランカ大統領に喜ばれた。「お下がりで悪いけれど、私の国では姉妹宣言の印よ」と、彼女のサリーを一枚頂戴したこともある。

今は多くのサリーが楽しい思い出を秘めて箪笥に眠る。なかでも、バングラデシュの貧村の女衆が織ってくれた一枚は、私の宝物だ。「仏教徒が好むと聞いたから」と、吉祥八宝のひとつにある金魚の刺繍を裾に散らしてくれた。薄手の平織りの絹が銀色に光るのが何とも言えず、夜の集いにはいつもこのサリーと決めていた。不思議に、着ると必ず織物業界の縁を呼び、内外の直接投資にもつながって、今日もあの村の経済を潤している。

シャルワ・カミーズでおしゃれを楽しむのは難しい。が、地味な色のカミーズの裏地にストールとおそろいの赤をちらりと覗かせてみたり、郷土色豊かな刺繍を草木染めの上布に散らしてもらったりすると、まるで着物で遊んでいるような気持ちになった。

サリーは着付けた感じが着物にそっくりで、まとうたびにはっとした。巻き終えてドレープ用に残した布を肩に掛けると、背中がすっと伸び、気が締まる。思わず、着物を着終わったときのように、帯をポンと叩いてしまいたくなって、いつも一人で苦笑していた。

グローバル化が文化まで統一しようとしても、民の魂がこもるシャルワ・カミーズやサリーが忘れられる日は来ないと思う。我が伝統衣装、和服も、そうであってほしいと、切に祈る。

殺生禁断の戦略

［インド、ブータン］

インドのマンモハン・シン首相は人を驚かすことを嫌う。その首相が、南アジア地域協力連合（通称SAARC）二〇〇四年サミットの基調講演で、小国ブータンを「SAARCにおける協力のありかたを示す模範国家」であると宣言し、居並ぶ国家首脳連や、高官、報道陣を驚かせた。普段は淡々とした口調のシン首相が珍しく情熱的だったうえに、彼の言葉の背景を知る人が少なかったからだろう。

サミットの数カ月前、ブータンの小さな軍隊が、長年インドをてこずらせてきたテロ組織を一掃した。シン首相が深い感動を覚えたのは、戦果ではなく、ブータン軍がとった戦略だった。

インド北東部は、中国とバングラデシュの間を抜け、ミャンマーまで細長く延びている。アルナチャルプラデシュ、アッサム、ナガランド、マニプール、ミゾラム、メガラヤ、トリプラの七つの小さな州から成り、インドでも最も貧しい地域のひとつで、多くの少数民族が住む。国家安全保障上重要な地域だが、少数民族の分離独立思想が根強い土地でもある。なかでもアッサム州の民族独立をめざしてテロ活動を続ける二つの武装過激派組織、アッサム統一解放戦線とボド国家独立運動は、インド政府を悩ませてきた。

両組織は、インドとの国交を重んじるブータンにとっても頭痛の種だった。アッサム州はブータンの南端、亜熱帯ジャングルに隣接する。ネパール系ブータン人難民の流出で南部の人口が減り、幽霊町村が増えた一九八〇年代、両組織はその隙間を埋めるように侵入（二二八頁参照）。ジャングルに陣を取り、住民を脅かして食料や活動資金を調達しながら、インドでのテロ活動を続けていた。ブータン南部は非常事態立ち入り禁止地域となり、開発事業を大きく遅らせる結果も招いていた。

ブータンの国会はこの問題を頻繁に取り上げ、論争をくり返した。そのつど、武力で一掃せよと憤る議員に仏教の慈悲の精神を説き、殺生禁断の戒を忘れるなと交渉優先を勧めるのはジグミ・シンゲ・ワンチュク雷龍王四世だった（五六頁以下参照）。しかし和平交渉は最終的に決裂し、ブータン国会は「最後の手段」決行を決議する。国王の絶対拒否権はすでに全面放棄されていたから、国会決議は最終決議。軍の最高司令官でもある王には、決議に従う義務があった。

そのころは、謁見を賜るたびに、戦略を練る国王の孤独をかいま見た。こういうときこそ、リーダーをとりまく利害関係からかけ離れた人間が聞き役に徹するのが一番と、王の肩の荷を少しでも軽くすることに専念した。

田坂広志氏の言葉を借りれば、「戦略と書いて、たたかいをはぶくと、読む。戦略思考とはいかに戦うかの思考ではなく、いかに戦わないかの思考」。国王の戦略思考はまさにそれだった。

ブータンの軍隊は、警察隊と王室警護隊を加えても総勢六千人に足りない。徴兵制はなく、志願兵に頼る市民軍制度はあるが、人口七十万を切る国では微々たるものだ。軍事費も乏しく、長期戦は敗戦に等しい。国王は数日で決着をつける策を練ったが、「たたかいをはぶく」戦略はそれだけではなかった。国民が「非常識な常識をもつ人」と称する王は、「殺生禁断」の戦略を考えた。

〇三年の暮、軍は南部に出陣。陣頭指揮どころか、国王自ら最前線で兵を率いると知った国民は驚愕し、国をあげての祈りが始まった。平常時でも風が祈りに満ちる国のこと、五体投地に全身全霊を込めたそのオーラに、戦場にいたある友人は「この世のものとは思えない力を感じた」と、いまだに涙を浮かべる。

武装過激派組織の掃討は、わずか三日間で完了した。国境沿いに待機していたインド軍への引き渡しも滞り無く終わった。国民は狂喜。凱旋パレードを用意して国王の首都帰還を待った。しかし、峠の向こうに到着した王から、ならば首都には戻らぬとの伝言が届く。殺生を嫌い蚊さえ殺さぬ人々に、王の意は伝わった。たった数人とはいえ、双方に死者を出した戦争を祝うことなどもってのほかだと。

そのとき、民の国王に対する敬愛は絶対的なものとなった。信念を貫き、矛盾のない指導者にのみ与えられる敬愛だが、受ける側にとっては重荷となる。その後間もなく賜った謁見では、心身憔悴を隠せない王の姿に胸が痛んだ。リーダーシップの壮絶な孤独は、戦の最高司令官のみが知るのだろう。

ある軍高官が、教えてくれた。

インド憲法発布記念式典に主賓として招かれた雷龍王４世（左）と握手を交わすシン・インド首相（2005年1月）
（写真提供：PANA通信社）

「陛下は、我ら軍人が思いもつかぬ戦略を指示された。ジャングルの地形をことごとく利用して、敵味方差別なく死者を出さずに勝つための戦略だった。隅から隅まで、立木一本、小岩ひとつまで熟知しておられた。十数年間、折をみては『休養に』と、南部を歩きまわっておられた訳が、やっと分かった。死者は、焦った兵が陛下の指示を待たずに動いたまちがいのみだった。まことに残念なことだった」

負傷者は敵味方差別なく手厚く看護され、国王はインド軍の救急ヘリ出動要請にまで気を配った。礼儀正しく慈悲深い扱いを受けたゲリラ兵と兵の家族は、その不思議な感動を語り伝え、民族運動を去った者も多いと聞く。

インドの政治史は、異民族間の葛藤の歴史といっても言い過ぎではない。建国の父ガンジーとネルー初代首相は、民族言語の境界線を州境にせぬよう奮闘した。しかし、さまざまな分離独立運動の懐柔の術に州を分割せざるをえなく、彼らの努力は徐々に風化している。

近年では、種々武装組織が連携し、大儀を掲げ、国境を越えて広がりつつある。インドのマオイストとネパールのマオイストの結託もそのひとつ。極貧と最悪の統治がはびこるベンガル州に、ゴルカ族（ネパール民族の別称）国家をたてる目的のもと武装蜂起している。ブータンを脅かした二組織も、この連携に関わっていた。

八月十五日はインドの独立記念日。英植民地時代の苦労を顧み、多民族国家の統一と安泰を祝う日だ。二〇〇八年のその日、恒例の国勢演説で、シン首相はインドが抱くリスクを真正面から指摘した。「テロ行為と、過激主義、過度な地方自治主義、原理主義が、我が国の和合と統合に反する大問題となりつつある」

ブータン軍事の後、シン首相は、雷龍王を国賓として迎え、インド憲法発布記念式典の主賓という異例の待遇で、功績を讃えた。穏やかな笑顔で式典に臨む両人を見て、この二人のリーダーから異口同音の言葉を聞いたことを思い出した。

「まことに大切なものは、失って初めて宝と知る。多様なルーツの民族が今はひとつにまとまったミエコの国が羨ましい」

そのとき、心の中で手を合わせたことも思い出す。我が国の民族間の葛藤の歴史を肌で知らない同胞が、安泰の宝を失わないようにと……。

水際立つ……［ブータン］

貧しさをなくす術には、わからないことのほうが多い。ただひとつ世界銀行で学んだのは、リーダーの善し悪しが決定的な差を生むという政治の現実だった。

貧困解消は、簡単に言えば、経済成長の果実を分配すること。それを可能にする政策は勝者と敗者を生む構造改革だから、既得権益を守りたい人々に嫌われる。

そういうとき、ビジョンあるリーダーは、必ずインスピレーションを与え、人々の目線を高めて、民意を最低公分母から切り離す。目先の損より、長期経済成長が皆の生活を潤して各々の可能性を高めることを見るよう、促す。

高度成長は、そういうリーダーなしでも可能だ。しかし、所得と富を分配し、格差を抑え、持続的な成長を遂げるには、立派なリーダーが不可欠。途上国に限らず、日本や米国の社会を蝕む格差問題にもあてはまることだろう。

世銀の仕事の究極は憎まれ役。良いリーダーの補佐に徹することと確信していた。だからか、ここまで書いてきた内容をふり返って見ると、いろいろなリーダーの思い出になっている。忘れえぬ人々は、頭とハートがしっかりつながり、言葉と行動に矛盾のないリーダーたちだった。

しかしひとつだけ心配があった。何事も満つれば欠くるのが世の常なのに、引き際を知るリーダーが少ないことだった。それもあって"Do not overstay your welcome!"（長居をしすぎないように）が、世銀を辞めるときの別れのあいさつだった。

ただ一人だけ、そんなあいさつは無用のリーダーがいた。

二〇〇五年十二月十七日、ブータン建国記念日の祝典が、全国二十県の県庁所在地で開かれていた。なかでも特に盛大な催しがあったのは、ジグメ・シンゲ・ワンチュク雷龍王四世を主賓に迎えたタシヤンツエ県だった。

県庁と僧院が聖俗同居するタシヤンツエ城が見下ろす圏谷は、空にむかって椀状に開く。絶滅が危惧されるオグロヅルの越冬地として知られる美しい谷だ。鶴の故郷チベットまでは、歩いてたった二〜三日の距離。東方の山をひとつ越えれば、インドに入る。その山路は塩の道と呼ばれ、ヒマラヤを縦断する数少ない貿易路のひとつだった。今もあちこちに散らばる名刹に、栄えた昔の面影が残る。

一張羅に着飾った八千人の県民が、城下の広場に集まった。空は底抜けに青く、まるで春のように暖かい日だった。式の後には国王の手直々に茶がふるまわれ、民謡と踊りやさまざまな伝統遊戯に興じる楽しみがある。沈香を漬けた香り高いアラ（焼酎）を自慢しあって、皆祭り気分にうきうきしていた。

国王は、憲法のことや、着々と改革が進む民主制と総選挙への心構えなどを、手短にわかりやすく語った（五八頁以下参照）。その祝辞が結びに入ったとき、聞き入っていた善男善女が耳を疑った。

「国民に知らせたい。二〇〇八年に、皇太子が雷龍王五世として即位する。王が国のために全力を尽くすには、できるだけ経験を積むことが望ましく、重要であるから、それより前に私の責務を皇太子に委譲する」

聴衆の当惑が静電気のように浮かび漂った。その静寂を破るのは、谷から山へと木霊《こだま》するオグロヅルの鳴き声だけだった。

そうしてしばらく、聞きまちがえたかと確かめあうささやき声が湧き上がり、泣き出す人もいる中で、友人がぽつんとつぶやいた。

「国を挙げて六十五歳で玉座を降りることはやめてくれと懇願していたのに、六十五歳までは在位をと頼まねばならなくなるとは……」

当時、国王自ら各県での国民会議に臨み、議論を重ねていた憲法草稿に、「雷龍王は（中略）六十五歳にて退位すべし」とある。全草稿にただ一箇所、国王直筆の一条だった。

国民は「永遠に玉座にとさえ祈るのに」と猛反対。ある農村の長老は「六十五歳をとうに越した私が現役だ。若すぎる」と王を叱った。しかし、国王は説き続けた。

「憲法は民のため。百年先の国のため。王のために書くものではない。国家が喪に服すとき、王位継承はリスクをはらむ。即位は皆がそろって祝えるときが好ましい」

雷龍王 4 世から冠を受ける 5 世（暦の吉日にあたる 2008 年 11 月 6 日、首都ティンプーにて）
（写真提供：ロイター／アフロ）

珍しく感情的になったブータンの全国紙、クエンセル新聞の論説は、「最も議論された一条が改訂不可能とは皮肉」と、真っ向から意見した。

国民会議の進行中、ミエコ聞いたかと訴える友人らに、ブータン人らしく落ち着けと笑った。

「ブータンの政治改革は民の意識改革。リーダーの色に染まり過ぎる欠点があるから、六十五歳でも遅いわよ」

冷たい人だと叱られた。冷たいのはどちら、王の身になってみろと怒った。「敬愛する父を失った悲しみのどん底で、即位の祝いを受けねばならなかった十六歳の心を想え。大事の時に師と仰ぐ人を失った若者の不安を想え。血の通う人間なら、我が子にあのような思いはさせたくないと考えるのが、当たり前でしょう！」

その国王が、六十五歳どころか五十三歳で退位する決心を明らかにしたのだ。憲法発布と民主政治で若返る国づくりの節目にとの御意。タシヤンツエの谷から全国に伝わるそのニュースに、国民は茫然自失、嘆きが言葉にならなかったと聞く。

それから一年、時の流れは嘆きをあきらめに変え、国民が王の決意を受け入れはじめたころのこと。国王はふたたび人々を驚かせた。

〇六年の建国記念日を目前に控えた十二月十四日、国王が特別閣議を招集した。何事かと集まった閣僚その他の要人は、二年後の戴冠式を待たずして、雷龍王四世から五世への譲位がすでに終わっていたと知った。その事後報告に唖然とし、前年タシヤンツエでの、王の言葉の真実とその重みを聞き逃していたと、恥じた。「吉兆の時が来た」と淡々と説く四世に、居並ぶ者は返す言葉もなかった。

「本物の指導者は、引き際を知り、潔く去る。ご立派」と褒めて、また友人たちを怒らせた。

閣議の数日前、十二月九日の朝、国王に呼ばれた皇太子は、首都ティンプーの麗城タシチョゾンの一角にある父の執務室へ急いだ。隣接する謁見室の納戸とも見紛うその小部屋に、人払いをした王が待っていた。きれいに片づいた机上に、アラの竹筒と一個の木盃が在る。

皇太子が時を悟った。

自らの退位の勅令に署名をして、今日から君が国王だと最後の命令が下った。父は子を誇りつつ盃を干し、子に手渡しておめでとうと注ぐ。子は感慨を隠さずとも敬う父の命を受け、吉兆の日の譲位が滞りなく成った。

ジグメ・ケサル・ナムギャル・ワンチュク雷龍王五世にすべてを委ね終えた四世は、ひとり静かに就務室を後にした。

水際立つとはこのことだろう。神権になど頼ろうともせず、民に選ばれ束の間だけ玉座を預かると、代々伝える王家の長。無常を知る王者ならこそのこと……。

この回想記にも去る時が来た。世に稀なリーダーにならって、潔く。

真のリーダーの抱く夢 —— 解説に代えて

社会起業家フォーラム代表
田坂広志

読み進みながら、何度も、胸が熱くなり、
読み終えたとき、深い感動と、静かな余韻が訪れる著作。

そうした著作に巡り会う経験が稀有になってしまった時代。
この著作に巡り会えたことに、感謝をしたい。

なぜ、この著作が、かくも、我々の胸を熱くし、心を動かすのか。
それは、ただ一つの理由であろう。

魂を込めて駆け抜けた二十三年間。

その著者の体験が、我々の心の奥深くに、静かな共鳴を呼び起こすからであろう。

前途ある学者としての道を捨て、世界銀行に奉職した著者。
世界から貧困を無くしたいとの願いを抱き、現実と格闘する道を選んだ西水氏は、
その歩みの中で、アジアを中心とする国家のリーダーたちと出会い、
国家運営を巡る真剣勝負を通じて、リーダーとは何か、リーダーシップとは何かを、掴んでいった。

そのリーダーたちとの出会いを語った本書が、かくも、我々の胸を熱くし、心を動かすのは、
西水氏自身が、それらのリーダーたちの姿に、
そして、その国の片隅で、精一杯の思いで生きる貧しき人々の姿に、
胸を熱くし、心を動かされた真実が、そのまま伝わってくるからであろう。

本書の中に何度も出てくる、著者が心から感動する場面、そして、涙を流す場面。
その場面において、我々は、著者とともに、素直に感動し、涙を流すことができる。
それは、やはり、その場面を語る著者自身の「頭とハートがつながっている」からであろう。

その西水氏が描く、様々なリーダーたちの姿。
草の根の人々に対する深い共感を抱き、恵まれぬ人々のために社会を変えようと願い、
敢えて困難な道を選び、現実との格闘を続ける、様々なリーダーたちの姿。

もし我々が、それらのリーダーたちの姿を見て、胸を熱くし、感動し、涙を流したならば、
それは、我々が、この書を通じて、大切なことを学び、掴んだことを意味している。

リーダーシップの原点。

そのことを、学び、掴んだことを意味している。

なぜなら、リーダーシップの原点とは、何よりも、
人々に対する共感、だからである。

真のリーダーシップは、必ず、
人々に対する共感を、原点としている。

それが職場であるならば、部下に対する共感。
それが企業であるならば、社員に対する共感。
それが国家であるならば、国民に対する共感。

その共感なしに、いかなるリーダーシップも存在しない。

西水氏が、この著作の中で描こうとしたことは、

究極、その一点であろう。

例えば、本書の冒頭で、西水氏は、インドのシン首相とパキスタンのムシャラフ将軍を描く。

その描写の中で、二人のリーダーの優れた資質を、次の言葉で評している。

草の根を自分の足で歩き、権力者を恐れる人々の心を開き、

自分の目と耳と肌で彼らの夢と苦しみを学ぶ。

それは、シン首相とムシャラフ将軍だけが持つ資質ではない。

社会の片隅で生きる、草の根の人々に対する、熱い思い。

かけがえのない命を生きる、無数の人々に対する、深い共感。

西水氏は、そこに、リーダーシップの原点を見ている。

然り。
真のリーダーシップは、必ず、
人々に対する深い共感を、原点としている。

そして、このことを理解するとき、
我々は、この国において、一つの逆説が生まれてくる理由を知る。

なぜ、この日本という国には、
数々のリーダーシップ論が溢れているにもかかわらず、
真のリーダーが生まれてこないのか。

たしかに、この国には、様々なリーダーシップ論が溢れている。
しかし、残念ながら、それらは、
単なる「知識」としてリーダーシップの心得を語る論、
手軽な「マニュアル」として、リーダーシップの技術を語る論、
さらには、いかにすれば部下や社員、人々を動かせるかという
「操作主義」に彩られたリーダーシップ論が大半である。

そして、それらの多くは、
リーダーシップを発揮しなければ、仕事が進まない、
リーダーシップを学べば、人生に成功できる、
リーダーシップを身につけて、多くの人々を動かしたい、
そういった、「自己の願望」から発するリーダーシップ論に他ならない。

しかし、こうした「自己の願望」から発するリーダーシップは、
「他者への共感」から発するリーダーシップとは、似て非なるものであり、
その自己中心性と操作主義がゆえに、必ず壁に突き当たり、
そこからは、決して、真のリーダーは生まれてこない。

リーダーシップの原点は、人々に対する深い共感である。

そのことは、実は、我が国においては、古くから語られていることでもある。

その真実を教えてくれる、素晴らしい言葉がある。

千人の頭《かしら》となる人物は、
千人に頭《こうべ》を垂れる人物である。

すなわち、
千人の人々のリーダーとなる人物は、
千人の人々への深い思いと共感を持つ人物である。

いま、この国においてリーダーの立場にある人々は、誰もが、
我が国に伝わる、この素晴らしい言葉を、思い起こすべきであろう。
そして、自身が、リーダーとして預かる人々への深い共感を抱いているかを
省みるべきであろう。

しかし、実は、この言葉は、
この国においてリーダーの立場にある人々に対する
「戒め」の言葉であるとともに、
「励まし」の言葉でもある。

なぜなら、この言葉は、逆の真実も、教えているからである。

千人の人々への深い思いと共感を持つ人物は、
千人の人々のリーダーへと成長していくことができる。

すなわち、もし、我々に、人々に対する深い共感があるならば、
我々は、誰もが、優れたリーダーになっていく可能性がある。

しかし、こう述べると、読者の心の中には、疑問が浮かぶかもしれない。

優れたリーダーとなるためには、
多くの優れた資質が求められるのではないか。

しかし、そうではない。
真実は、そうではない。

なぜなら、優れたリーダーの持つ優れた資質とは、実は、
リーダーとなるための「条件」ではなく、
リーダーの道を歩んだ「結果」だからである。

もとより、世の中には、様々なリーダーシップ論が存在する。
それゆえ、リーダーの条件として、古来、様々な資質が語られてきた。
例えば、「信念」「情熱」「勇気」といった資質。
例えば、「謙譲」「寛容」「人徳」といった資質。
例えば、「ビジョン」や「行動力」といった資質。

たしかに、歴史において、優れたリーダーとされる人物は、
それらの資質の多くを持っている。

しかし、ここで、我々は、一つの問いを、深く問うべきであろう。

それらの資質は、そのリーダーが、生来持っていた資質なのか、
それとも、リーダーへの道を歩む過程で身につけた資質なのか。

例えば、「信念」や「勇気」。
それは、多くのリーダーシップ論において、リーダーに不可欠の資質とされている。
しかし、では、世の中に、「信念」を持って生れついた人物がいるだろうか。
世の中に、「勇気」を持って生れついた人物がいるだろうか。

そうではない。
人間であるかぎり、誰もが、「迷い」を持っている。「弱さ」を持っている。
では、優れたリーダーと評される人物は、
いかにして、その「迷い」を捨て、「強さ」を身につけたのか。
我々がリーダーシップを論じるとき、まさに問うべきは、その問いであろう。

では、リーダーは、いかにして、それらの資質を身につけたのか。
実は、そのことを、この西水氏の著書は、最も象徴的な形で、教えてくれる。

それが、まえがきに書かれた「ナディア」の物語である。

プリンストン大学で教鞭を執っていた著者は、一本の電話での誘いにより、
一九八〇年の夏からの一年間、世界銀行の研究所で研究休暇を過ごすことになる。
その世界銀行において、調査団の一員としてエジプトを訪問した著者は、
週末、ふと思いつき、カイロ郊外の「死人の町」に足を運ぶ。
しかし、その町の路地で、偶然巡り会ったのは、
病気で、いままさに死なんとする、ナディアという名の幼女であった。
その幼女が、何の医療の手当ても受けることなく、腕の中で息を引き取ったとき、
西水氏に運命の瞬間が訪れる。
本書の冒頭に書かれた氏の描写は、我々の魂を撃つ。

誰の神様でもいいから、ぶん殴りたかった。

天を仰いで、まわりを見回した途端、
ナディアを殺した化け物を見た。
きらびやかな都会がそこにある。
最先端をいく技術と、優秀な才能と、膨大な富が溢れる都会がある。
でも私の腕には、命尽きたナディアが眠る。

悪統治。
民の苦しみなど気にもかけない為政者の仕業と、直感した。
脊髄に火がついたような気がした。

帰途の機上では一睡もできず、
自分が受けた教育は何のためだったのか、
何をするために経済学を学んだのかと、悩んだ。
ワシントンに近づき、機体が着陸態勢に入っても、
鬱々としたままだった。
が、車輪がドシンと音を立てて滑走路に接した瞬間、目の奥に火花が散った。
結論が、脳に映った写真のように、はっきり見えた。
学窓に別れを告げ、貧困と戦う世銀に残ると決めた。

何度読んでも、胸が熱くなる文章。
魂の込められた西水氏のこの文章を読むとき、
我々は、一つの言葉の、本当の意味を知る。

「原体験」

西水氏にとって、このナディアが、原体験となった。
このナディアという幼女の人生に対する、魂が震えるほどの深い共感。
その共感の原体験が、それからの西水氏の、すべての行動原理となった。
そして、そこから、西水氏のリーダーとしての成長の歩みが始まった。

本書を読まれた読者は、すでに気がつかれているだろう。
もしこの書が、世界のリーダーたちの姿を描いた素晴らしい著書であるとするならば、
それは、優れたリーダーたちが描かれているからだけでなく、
それらの姿を描いた西水氏自身が、優れたリーダーであるからに他ならない。

率先して途上国の貧村での生活に身を置き、
貧しき人々や子供たちの声に、心を込めて耳を傾ける。
悪しき権力に対しては、一歩も退くことなく戦うが、
その一方で、変革の同志と喜びを分かち合い、共に涙を流す。

西水氏の、その卓越したリーダーとしての姿は、
しかし、決して生来のものではない。

西水氏にも、一人の人間であるかぎり、「迷い」や「弱さ」はあったであろう。
人間であるかぎり、誰もが、「迷い」を持っている。「弱さ」を持っている。
では、なぜ、西水氏は、一人のリーダーとして、素晴らしい成長の道を歩むことができたのか。

ナディアへの深い共感。

その深い共感が、西水氏という一人の人間に、「迷い」や「弱さ」を超えて歩み続ける「信念」と「強さ」を与えたのではないか。

そのことを、西水氏は、次の言葉で語っている。

自然にナディアが仕事の尺度になった。
何をしても、ナディアに問うのが習慣になった。
生きていたら喜んでくれるかしら。あなたを幸せにできるかしら……。

これが真実ではないか。

世に真のリーダーが生まれてくるのは、
野心でも、競争でもなく、
訓練でも、教育でもない。

人生における、人との出会い。
そこに生まれる、深い共感。
その共感によって、定まる思い。
その思いに駆られるように、歩む道。
その道を歩むことで与えられる、人間としての成長。
気がつけば歩んでいる、リーダーとしての道。

それが真実ではないか。
すべては、人間への深い共感、人々への深い共感から始まるのではないのか。
いま、リーダーの立場にある人間は、そのことを、理解しておくべきであろう。

そして、リーダーの立場にある人間は、さらに一つの問いを、深く問うべきであろう。

では、「共感」とは、いったい何か。

その意味を知るためには、似て非なる二つの言葉の意味を知る必要がある。

「憐憫」と「同情」

この二つの言葉は、しばしば「共感」という言葉と、混同して語られる。

しかし、この二つの言葉は、似て非なる言葉。

なぜなら、この二つの言葉には、他者と自己を分ける、分離がある。

相手を憐れみ、相手に同情する。

そのとき、我々は、無意識に、相手と自己を切断している。

では、「共感」とは何か。

それは、「自分の姿」を見る瞬間のこと。

いま、目の前で悲しみ、苦しみ、孤独の中にある一人の人間。
それは、実は、自分の姿。

もし、この世に生まれてくるとき、何かがわずかに違ったならば、
自分が、その境遇に生まれたのではなかったか。

ほんのわずかの偶然が、
相手と自分の人生を分けただけではないのか。

されば、いま、目の前にいる相手の姿は、自分の姿ではないのか。
この世界の不条理の中で苦しむ一人の人間の姿は、実は、自分の姿ではないのか。

我々が、その思いを抱くとき、そこに、「共感」が生まれている。
言葉の真の意味での「共感」が生まれている。
そして、その意味での「共感」を抱くとき、
我々は、歩み始める。

この世界を変えるための道を、歩み始める。

たとえ、ささやかな力であっても、
たとえ、ささやかな変革であっても、
この不条理に満ちた世界を変えるために、
思いを定め、願いを込め、一つの道を歩み始める。

そして、それは、真実の瞬間。

なぜなら、それは、一人のリーダーが生まれた瞬間。

しかし、そのリーダーとは、多くの人々を導くリーダーではない。

それは、自分自身の人生を導くリーダー。

自分自身の人生を、自らの意志と力で導き、切り拓く。
その一人のリーダーが生まれた瞬間。

世界の不条理や社会の矛盾を前に、
ただ黙し、目を背け、現実に流されていく人生ではなく、
他の誰かに依存し、動かされ、主体を失って生きていく人生ではなく、
自分自身の人生を、自分自身が導き、生きていく。
その一人のリーダーが生まれた瞬間。

そして、その一人のリーダーが、この社会の片隅で、
思いを定め、願いを込め、一筋の道を歩むとき、

そこには、必ず、その後姿を見つめている人々がいる。
そして、それらの人々の中から、必ず、また、
一人のリーダーが生まれてくる。

そうして生まれてくる無数のリーダー。
自分自身の人生を導く無数のリーダー。

真のリーダーが求めるべきは、実は、その世界。

真のリーダーが求めるのは、無数の人々が、自分というリーダーに付き従うことではない。
真のリーダーが求めるのは、無数の人々が、自身の人生のリーダーとして生きていくこと。

そのことを理解するとき、我々は、
著者が、本書の最後に、雷龍王の姿を描いた意図を知る。

なぜ、雷龍王は、あれほど人々に慕われながら、あれほど臣下に求められながら、
自らリーダーとしての権限を狭め、リーダーとしての地位を退いたのか。

それは、真のリーダーは、知っているからであろう。
リーダーシップというものの最も恐ろしい陥穽を、知っているからであろう。

強力なリーダーシップは、それがどれほど優れたものであっても、
人々の心の中に、必ず、深い依存心を生み出してしまう。

それゆえ、その強力なリーダーが去ったとき、
しばしば、その組織や社会、国家の中に、混乱が生まれ、
ときに、独裁政治が生まれ、ときに、衆愚政治が生まれてしまう。

その過ちを繰り返してきたのが、人類の歴史。

されば、人類は、いつ、その過ちに満ちた歴史に、幕を閉じるのか。

それは、すべての人々が、自らの人生を導くリーダーとなる時代を迎えたとき。

そのとき、我々人類は、

その「前史」の時代に別れを告げ、本当の歴史の幕を開ける。

そのとき、我々人類は、
この地球上に生きるすべての人々が、自らの人生の主人公となる時代を迎える。

真のリーダーが夢見るのは、その世界。

ひとり静かに去っていった雷龍王。
その後に残された、ひとつの香り。

それは、真のリーダーの夢が、醸し出した香りなのであろうか。

本書の最後の言葉を読み終えたとき、
そこにも、同じ香りがあった。

本書は二〇〇五年一月～二〇〇八年十二月に月刊誌『選択』（選択出版刊）に連載された「思い出の国　忘れえぬ人々」に若干の加筆修正を行ったものです。

●著者プロフィール

西水 美恵子 *Mieko Nishimizu*

大阪府豊中市に生まれ、北海道美唄市で育つ。中学校三年から上京。
東京都立西高校在学中、姉妹都市高校生親善大使としてニューヨーク訪問。
その後間もなくロータリークラブ交換留学生として再渡米（後年、西高は中退）。
そのまま帰国せず、ガルチャー大学へ入学。経済学を学ぶ。
一九七〇年卒業後、トーマス・J・ワトソン財団フェローとして帰国。
千代田化工建設の特許課に借席し、環境汚染問題の研究。一九七一年、再度渡米する。
一九七五年、ジョンズ・ホプキンス大学大学院、博士課程（経済学）を卒業。
同年、プリンストン大学経済学部、兼ウッドロー・ウィルソン・スクールの助教授に就任。
一九八〇年　世界銀行入行、開発政策局・経済開発研究所
一九八三年　同、産業・エネルギー局 産業戦略・政策課（エジプト・タイ・ハンガリー・中国などを担当）
一九八七年　同、欧州・中東・北アフリカ地域 アフガニスタン・パキスタン・トルコ局　リード・エコノミスト
一九八八年　同、欧州・中東・北アフリカ地域 アフガニスタン・パキスタン・トルコ局　通商・産業・金融課 課長
一九九二年　同、国際復興開発銀行 リスク管理・金融政策局 局長
一九九五年　同、南アジア地域　アフガニスタン・バングラデシュ・パキスタン・スリランカ局 局長
一九九七年　同、南アジア地域 副総裁
二〇〇三年　世界銀行退職
現在、米国首都ワシントンと英国領バージン諸島に在留。
世界を舞台に、就筆や、講演、様々なアドバイザー活動を続ける。
二〇〇七年より、シンクタンク・ソフィアバンクのパートナー。
詳細：www.sophiabank.co.jp

著者の意向により本書の印税はすべて「雷龍の国」ブータンのタラヤナ財団（一九三ページ参照）に寄付され、貧しい家庭の児童の教育費等に役立てられます。

● 英治出版からのお知らせ
弊社ウェブサイト（http://www.eijipress.co.jp/）では、新刊書･既刊書のご案内の他、既刊書を紙の本のイメージそのままで閲覧できる「バーチャル立ち読み」コーナーなどを設けています。ぜひ一度、アクセスしてみてください。また、本書に関するご意見・ご感想を E-mail（editor@eijipress.co.jp）で受け付けています。たくさんのメールをお待ちしています。

国をつくるという仕事

発行日	2009年 4月20日 第1版 第1刷
	2009年 5月 1日 第1版 第2刷
著者	西水美恵子（にしみず・みえこ）
発行人	原田英治
発行	英治出版株式会社
	〒150-0022 東京都渋谷区恵比寿南1-9-12 ピトレスクビル4F
	電話 03-5773-0193 FAX 03-5773-0194
	http://www.eijipress.co.jp/
プロデューサー	高野達成
スタッフ	原田涼子、秋元麻希、鬼頭穣、大西美穂、岩田大志
	藤竹賢一郎、デビッド・スターン、山下智也
	佐藤大地、坐間昇、虫賀幹華
印刷・製本	株式会社シナノ
装丁	英治出版デザイン室

ISBN978-4-86276-054-8 C0030 Printed in Japan

ジョン・F・ケネディ［著］
宮本喜一［訳］

勇気ある人々

1950年代のベストセラーを新訳で復刊。誰の人生にも、勇気を問われる瞬間がある。そのとき人は何を思い、何を守り、何を賭けて行動するのか。ケネディが記した情熱と気迫の人間論。

四六判ハードカバー　本文384ページ　定価：本体2,200円＋税

ISBN978-4-86276-023-4